新しい教職教育講座 教科教育編 ❶
原 清治／春日井敏之／篠原正典／森田真樹 [監修]

初等国語科教育

井上雅彦／青砥弘幸 [編著]

ミネルヴァ書房

新しい教職教育講座

監修のことば

　現在，学校教育は大きな転換点，分岐点に立たされているようにみえます。
　見方・考え方の育成を重視する授業への転換，ICT 教育や特別支援教育の
拡充，増加する児童生徒のいじめや不登校への適切な指導支援，チーム学校や
社会に開かれた教育課程を実現する新しい学校像の模索など。切れ間なく提起
される諸政策を一見すると，学校や教師にとって混迷の時代に突入しているよ
うにも感じられます。
　しかし，それは見方を変えれば，教師や学校が築き上げてきた地道な教育実
践を土台にしながら，これまでの取組みやボーダーを超え，新たな教育を生み
出す可能性を大いに秘めたイノベーティブな時代の到来ともいえるのではない
でしょうか。教師の進むべき方向性を見定める正確なマップやコンパスがあれ
ば，学校や教師の新たな地平を拓くことは十分に可能です。
　『新しい教職教育講座』は，教師を目指す学生や若手教員を意識したテキス
トシリーズであり，主に小中学校を対象とした「教職教育編」全13巻と，小学
校を対象とした「教科教育編」全10巻から構成されています。
　世の中に教育，学校，教師に関する膨大な情報が溢れる時代にあって，学生
や若手教員が基礎的知識や最新情報を集め整理することは容易ではありません。
そこで，本シリーズでは，2017（平成29）年に告示された新学習指導要領や，
今後の教員養成で重要な役割を果たす教職課程コアカリキュラムにも対応した
基礎的知識や最新事情を，平易な表現でコンパクトに整理することに心がけま
した。
　また，各巻は，13章程度の構成とし，大学の授業での活用のしやすさに配慮
するとともに，学習者の主体的な学びを促す工夫も加えています。難解で複雑
な内容をやさしく解説しながら，教職を学ぶ学習者には格好のシリーズとなっ
ています。同時に，経験豊かな教員にとっても，理論と実践をつなげながら，
自身の教育実践を問い直し意味づけていくための視点が多く含まれた読み応え
のある内容となっています。
　本シリーズが，教育，学校，教職，そして子どもたちの未来と可能性を信じ
ながら，学校の新たな地平を拓いていこうとする教師にとって，今後の方向性
を見定めるマップやコンパスとしての役割を果たしていくことができれば幸い
です。

監修　原　　清　治（佛教大学）

春日井敏之（立命館大学）

篠　原　正　典（佛教大学）

森　田　真　樹（立命館大学）

は　じ　め　に

　2017年 3 月に新学習指導要領が告示された（本書では，2017年告示の学習指導
要領を新学習指導要領と呼ぶ）。小学校では2020年度より全面実施となる。この新
学習指導要領では，教員が「何を教えるか」ではなく，児童が「何ができるよ
うになるか」という観点から，大きく変化する社会の中で未来社会を切り拓く
ために必要な資質・能力を，「知識及び技能」「思考力，判断力，表現力等」
「学びに向かう力・人間性等」の三つの柱で整理された。
　そして，これらの資質・能力を育成するために，「主体的・対話的で深い学
び」（アクティブラーニング）を求めている。そのうえで，「児童が各教科等の特
質に応じた見方・考え方を働かせながら，知識を相互に関連付けてより深く理
解したり，情報を精査して考えを形成したり，問題を見いだして解決策を考え
たり，思いや考えを基に創造したりすることに向かう過程を重視した学習の充
実を図ること」が重要だと記している。
　その際，中核となって働くのが言語能力である。人は言語によって対象
（人・モノ・事象）を意味づけ，対象と対象との関連づけを行い，その関係性を
問い直す。そして，その過程のなかで創造的に新たな価値を生み出す。このよ
うな言語能力を育成するのが国語科である。新学習指導要領が求める資質・能
力の育成には，国語科がますます重要な役割を果たすことになるだろう。では，
これからの国語科の授業はどのように構想していけばよいのであろうか。その
ヒントや答えを本書は示している。
　これまで大学で用いる国語科教育のテキストは数多く出版されてきた。しか
し，どれも「帯に短し，たすきに長し」の感が拭えない印象であった。つまり，
知識としてそこに書かれていることを知っていることは無駄ではないが，それ
を読んだからといって，すぐに授業ができるようになるかと問われれば，否と
答えざるを得ないものが多かったような気がする。筆者自身も大学のシラバス

i

に，参考図書として市販のテキストを掲げることはあっても，それを教科書として使用することはなく，プリントを用意して授業を行っていた。国語科の授業づくりのために使用できる初学者にもわかりやすい国語科教育のテキストが欲しいという思いをもち続けていたわけである。その願いが本書において叶い，これまでにない国語科教育のテキストができたと自負している。

　本書の執筆は，大学で国語科教育の講義を担当している気鋭の研究者に依頼した。そして，普段学生を前に講義を行っているような表現で書くこと，国語科教育について初めて学ぶ学生が，将来教壇に立ったときに授業者として求められる国語科の知識と授業構想力を確実に身につけられるような内容にすることを周知した。つまり，国語科教育について専門的に深く学ぶというより，授業者として最低理解しておかなければならない内容をわかりやすく解説するものになるようお願いしたのである。執筆者はその要望に誠実に応え，多くの図表を使用し，平易な語り口で，これを読めばすぐにでも国語教室の教壇に立てるような実践的な内容を記してくださった。

　各章の構成は，まずその章の概要を「この章で学ぶこと」として記している。そして，本文において国語科教育を構成する領域や事項などについて丁寧に説明し，その復習ができるように「学習の課題」を設けた。また，「さらに学びたい人のための図書」を複数提示し，発展的な学びができるように工夫した。

　また，新学習指導要領を踏まえた内容となっているため，現職の先生に読んでいただいても，最新の知識を得ることができ，新学習指導要領に対応した国語科授業を構想するための参考にしてもらえるだろう。

　本書が，これからの時代を担う国語科教員の養成と，新学習指導要領に対応した国語科授業づくりの一助となることを，編者を代表して切に願っている。

　最後になったが，ミネルヴァ書房の神谷透氏，丁寧な編集作業を行っていただいた秋道さよみ氏に心より感謝申し上げる。

編者代表　井上雅彦

目　次

はじめに

第1章　国語科教育の目標と内容 …………………………………… 1

 1　言葉とコミュニケーション ……………………………………… 1

 2　言葉の獲得とコミュニケーション ……………………………… 5

 3　言葉の働き ……………………………………………………… 11

 4　国語科教育の目標と内容 ……………………………………… 12

第2章　国語科教育の方法 …………………………………………… 18

 1　言語活動の充実 ………………………………………………… 18

 2　アクティブラーニング ………………………………………… 25

 3　ICT 教育 ………………………………………………………… 31

第3章　国語科の単元デザインと授業構想 ……………………… 37

 1　「単元」の今日的意義 ………………………………………… 37

 2　単元デザインおよび指導と評価の要諦 ……………………… 38

 3　「単元」で育てるということ——内在する教育観 …………… 52

第4章　国語科学習指導案 ………………………………………… 54

 1　学習指導案を書く目的 ………………………………………… 54

 2　学習指導案の内容 ……………………………………………… 57

 3　国語科学習指導案の実際 ……………………………………… 64

第5章　「話すこと・聞くこと」の学習指導 …………………… 71

 1　「話すこと・聞くこと」の学習指導の基礎 ………………… 71

iii

2 話し言葉の位置づけ………………………………………73

3 新学習指導要領における話し言葉の位置づけ………………76

4 「話すこと・聞くこと」領域の学習指導の実際……………78

第6章 「書くこと」の学習指導………………………………89

1 「書くこと」の学習指導において教師は何を目指すのか………………89

2 「書くこと」の指導は一筋縄ではいかない………………95

3 題材を工夫して書くことに日常的に取り組ませる………………102

4 他者の文章を分析し良さを実感する場を設ける………………105

5 教師があらゆることを抱え込まないようにする………………107

6 「書くこと」の指導時間数は定められている………………109

7 評価は「書くこと」の指導事項の達成状況によって行う………………109

第7章 「読むこと」の学習指導——文学的文章………………111

1 文学を読むことの学習で大切なこと………………111

2 書かれてあることを理解すること………………115

3 「読むこと」の落とし穴………………119

4 文学を読む楽しみ………………125

5 文学を読むことの意義………………128

第8章 「読むこと」の学習指導——説明的文章………………131

1 学習指導要領の意義………………131

2 学習目標（指導事項）………………132

3 教材，言語活動，手立て………………138

4 具体的な教材で考える単元づくり——中学年教材で考える………………142

5 各学年における単元づくり………………148

6 新学習指導要領を味方にしよう………………153

目　次

第9章　言葉の特徴や使い方に関する学習指導……………………155

1　「言葉の働き」について………………………………………155

2　「言葉の特徴（仕組み）」について…………………………157

3　「言葉の使い方」について……………………………………162

第10章　情報の扱い方に関する学習指導………………………166

1　「情報の扱い方に関する事項」とは何か…………………166

2　各学年の「情報の扱い方」に関する事項の指導………169

3　単元に組み込んだ計画の一例………………………………173

第11章　伝統的な言語文化に関する学習指導…………………176

1　伝統的な言語文化とは………………………………………176

2　伝統的な言語文化に関する学習を構想する……………179

3　「伝統」とつきあうこと……………………………………185

第12章　書写の学習……………………………………………………187

1　「文字を書くこと」の学習としての書写…………………187

2　これからの書写学習に求められる視点…………………192

3　これからも工夫が求められる指導………………………196

第13章　読書指導………………………………………………………201

1　読書とは…………………………………………………………201

2　読書指導の新学習指導要領での位置づけ………………202

3　読書指導の目的…………………………………………………204

4　読書指導の方法…………………………………………………205

5　読書指導を行う教師として…………………………………209

小学校学習要領（抄）

索　　引

v

第1章 国語科教育の目標と内容

この章で学ぶこと

　みなさんが教壇に立ったとき，児童から「先生，なぜ国語を勉強するのですか」と尋ねられたら，どのように答えるであろうか。この問いに明確に答えることができなければ，国語の授業をただ漫然と行うだけになりはしないだろうか。本章では，母語である国語をなぜ教える必要があるのか，つまり国語科の役割について考える。それをうけて，学習指導要領において国語科の目標がどのように掲げられているのか，また国語科はどのような構造で編成され，その内容はどのようなものなのかを学ぶ。

1 言葉とコミュニケーション

（1）バーバルコミュニケーションとノンバーバルコミュニケーション

　言葉以外にどのようなコミュニケーションの手段があるだろうか。アイコンタクト，ジェスチャー，手話など思いつくのではないか。もしかすると手旗信号や狼煙まで頭に浮かんだかもしれない。このような視線，身振り手振り，顔の表情など，言語以外のコミュニケーションをノンバーバルコミュニケーション（non-verbal communication）と呼ぶ。それに対して，会話や文字，印刷物など，言語を介したコミュニケーションをバーバルコミュニケーション（verbal communication）と呼んでいる。

　コミュニケーションにおいて，これらバーバルコミュニケーションとノンバーバルコミュニケーションにはどのような違いがあるだろうか。一度，じっくり考えてみてほしい。バーバルコミュニケーションのほうが詳細かつ正確に思いを伝えることができると考えた人がいるかもしれない。また，バーバルコミュニケーションは目の前に相手がいなくても伝わると思った人もいるだろう。

逆に，見つめ合う恋人同士の姿を頭に浮かべて，ノンバーバルコミュニケーションのほうが，思いが伝わりやすいと感じた人もいるだろう。これら2つのコミュニケーションはどちらが優れているのだろうか。

　竹内（2005）によると，アメリカの心理学者のアルバート・メラビアンは，話し手が聞き手に与える影響がどのような要素で形成されるかを測定した。その結果は以下のとおりであったという。

- 視覚情報（Visual）…見た目，身だしなみ，しぐさ，表情，視線　55％
- 聴覚情報（Vocal）…声の質（高低），速さ，大きさ，テンポ　38％
- 言語情報（Verbal）…話す言葉そのものの意味　7％

つまり，視覚情報，聴覚情報など言葉以外の非言語的な情報で93％の印象が決まってしまい，言語的な情報は7％しか相手に伝わらないということになる。

　また，イギリスの動物学者デズモンド・モリス（1991）の「他人から受け取る情報の中で信頼できるのは何か」という信頼尺度の研究がある。それによると，人間の動作を信頼できる順に並べると以下のようであったという。

1. 自律神経信号…動悸，発汗など
2. 下肢信号…足の動き，貧乏ゆすりなど
3. 体幹（胴体）信号…身体の姿勢，胸とか肩とかのはりなど
4. 見分けられない手振り…微妙な手の動き
5. 見分けられる手のジェスチャー
6. 表情
7. 言語

つまり，言語が一番信用できないという結果である。そういえば，話し手が平静を保っているようでも，貧乏ゆすりをしていることでイライラが伝わってくるし，「目は口ほどに物を言う」ということわざがあるように，目が泳いで嘘が悟られることもよく経験することである。

　しかし，次の短歌をみて欲しい。俵万智（1987）『サラダ記念日』の中の一首である。「いつ」「どこで」「誰が」「何を」しているかをイメージして，この短歌の情景を考えてみよう。

> オレンジの空の真下の九十九里モノクロームの君に寄り添う

「オレンジの空」から夕暮れ時に，「九十九里」から千葉県房総半島東岸の延々と長く続く海岸で，作者が「モノクロームの君」に寄り添っている情景を思い浮かべただろう。だが，ここで問題になるのは「モノクロームの君」とは何かということである。「オレンジの空」との対比で「君」から延びる影がイメージできるのではないか。しかし，なぜ君の影に寄り添う必要があるのだろう。それを探るためには，永遠と続く夕暮れの海岸を男女が歩いている状況をイメージし，その理由を想像しなければならない。付き合うまでに至っていない男女が夕暮れの海岸を散歩している。女性は男性に恋心を抱きつつも，恥じらいのため実在の相手に寄り添うことができない。そこでモノクローム（影）の君に寄り添い，恋人気分を味わうのである。この歌の切ない乙女心をバーバル（言語）でなくしてノンバーバル（非言語）で表すことができるだろうか。

次は宇多田ヒカル「Flavor of Life」の歌詞の一節である。

> ダイヤモンドよりも柔らかくて温かな未来，手にしたいよ，限りある
> 時間を君と過ごしたい。ありがとうと君に言われると何だか切ない

日本音楽著作権協会（出）許諾第1805083-801号。

この歌は宇多田が元夫と別れたときにつくられたものだといわれている。男女が別れるときに，「ありがとう」と言われると何だか切ないという気持ちは十分理解できる。結婚をした当初は「柔らかくて温かな未来」を「手にしたい」，「限りある時間を君と過ごしたい」と考えていた宇多田が，いま別れるに至って「ありがとうと言われると何だか切ない」と歌うのである。ここでポイントとなるのは「ダイヤモンド」である。ダイヤモンドは世界で一番高価なものであり，それよりも素晴らしい未来を手にしたいと考えていた。また，ダイヤモンドは世の中で一番固く，冷たい存在でもある。それと対比された「柔らかくて温かな未来」が，どれほど幸せに満ちたものであるかは，ダイヤモンドをここに置くことによって明確になる。これはもうバーバル（言語）でしか表現しきれない領域である。

これら2つの例からも，コミュニケーションにおける言葉の役割の重要性を認識させられる。ちなみに，先のアルバート・メラビアンの実験は，原典（1986）にあたると，メッセージの送り手がどちらとも取れる言葉・声・顔の矛盾したメッセージを送った場合の影響力であって，単に事実を伝えたり要望したりする場合には触れていない。つまり，コミュニケーション全般においてこの法則が適用されることを明らかにしたものではないことを書き添えておこう。

（2）ヒトを人にする言葉

　次に，人間にとって言葉がいかに大切なものであるのかを明らかにしよう。オオカミに育てられた子どもの話を聞いたことがあるだろう。信憑性について議論されている部分もあるが，よく知られているのはカマラとアマラである。1920年にオオカミの住処から2人は発見された。カマラ8歳，アマラ1歳半だったといわれている。少女たちは四足で走り，服を着せてもはぎ取ってしまい，生肉以外は口にしなかった。遠吠えをし，聴覚や視覚，臭覚はかなり鋭かったという。感情表現を体得し，社会生活に適応するには時間を要し，言葉の回復はきわめて困難であった。2人は早逝したという。このように，人間社会と引き離されて育った子どもは，人間であっても社会性がなく，コミュニケーションをとることができない。

　また，神聖ローマ帝国のフリードリヒ2世が捨て子を養育した逸話がある。彼は子どもを一室に閉じ込め，食物を与えることと入浴することは許可をした。しかし，養育に当たる人に会話とほほ笑みを投げかけることを禁じた。すると捨て子は2年足らずのうちに全員死亡したという。現在このような試みは人道上許されないため，その真偽を確かめることはできないが，この逸話は生存に関わる条件が満たされていても，コミュニケーションをとらなければ，人は生きてはいけないことを示唆している。

　聴力，視力，声を失って生まれたヘレン・ケラーは，自伝の中で，言葉を用いてコミュニケーションできないもどかしさを，次のように表している。

第1章 国語科教育の目標と内容

> とかくするうちに，私は自分の意志を人に伝えたいという願いがだんだん強く
> なってきました。それまで私が用いていた手まねでは，しだいに物足りなくなり，
> 自分の思っていることがわかってもらえぬときは，私はきまって癇癪の発作を起こ
> すようになりました。まるで目に見えぬ手につかまれているような気がして，それ
> から脱れようと一生懸命にもがきました。私はたたかいました。たたかったところ
> でどうにもなるわけではないのですが，私の内部には強烈な反抗の精神が燃えてい
> ました。こんなとき私はたいていしまいに疲れて泣き倒れ，もしも母がかたわらに
> でもいるとその膝を求めてはい寄りながら，なんのための感情の嵐であったやら，
> 自分で自分にもわからぬほどのみじめな気持ちを味わうのでした。しかしながら，
> なんらかの発表の方法が，ぜひとも必要となるにつれて，ますますこういった感情
> の嵐は毎日のように，ときには毎時間ごとにくりかえされるようになってきました。

出典：ヘレン・ケラー（1966）24頁。

　これらのエピソードは，ヒトが人であるために，またヒトの発達にとって言葉の果たす役割がいかに大きいか，人にとって言葉によるコミュニケーションがどれだけ重要なものであるかを教えてくれる。言葉をもつということは，ヒトを人たらしめることなのである。

2 言葉の獲得とコミュニケーション

（1）言葉の獲得とコミュニケーションの原初形態
　岡本（1985）は，人の言葉の獲得を以下のように4段階に分けて説明している。
　　第Ⅰ段階……ことば以前―ことばの胚胎（誕生〜1歳）
　　第Ⅱ段階……ことばの誕生期―話し始め（1歳〜4歳）
　　第Ⅲ段階……一次的ことば期―ことばの生活化（4歳〜6歳）
　　第Ⅳ段階……二次的ことば期―ことばのことば化（6歳〜）
　この第Ⅰ段階「infant（乳児）期」は，後の言葉の獲得にとって必要な様々な条件や機能が形成されていく時期である。本節では，この第Ⅰ段階を中心に，人が言葉をどのように獲得していくのかを，正高（1993）をもとに明らかにしよう。

生後2週間の赤ちゃんを観察していると，母親の乳首を吸っては休止し，また吸うという行為が繰り返し行われていることに気づく。なぜ，赤ちゃんは乳首を吸うと休止するのであろうか。母乳を吸うことに疲れて休んでいるように思えるが，それなら休止の間隔は徐々に長くなるはずである。しかし，吸って休むというサイクルは一定である。別の解釈として，ミルクが出過ぎて赤ちゃんが飲み込める量を上回るため，しばらく休んで口に溜まったミルクを徐々に飲み干しているのではないかという推測が成り立つかもしれない。ところが，吸うのを止めた時点で赤ちゃんの口の中をのぞきこんでも，ミルクは口の中に残っていない。ではなぜ赤ちゃんは乳首を吸うのを休むのだろうか。

　さらに観察を続けると，赤ちゃんが休止した後に，母親が赤ちゃんに揺さぶりを与えていることがわかった。母親に尋ねてみると，その揺さぶりはどうやら無意識の行為のようである。つまり，「乳首を吸う（25秒）→ 休止（3秒）→ 母親の揺さぶり（8秒）→ 再開」という循環が繰り返し行われている。まるで母親と子どもが言葉のキャッチボールをしているかのようにである。この相互交渉は生後8週間になると，吸う―揺さぶるの時間が短くなり，「乳首を吸う（12秒）→ 休止 → 母親の揺さぶり（4秒）→ 再開」と循環のサイクルが頻繁になる。発達とともに相互交渉の頻度は増すのである。

　次に，生後2週と8週の赤ちゃんが乳首を吸った後，母親が揺さぶりを与える群と与えない群に分けてみる。図1-1のように生後2週ではどちらも赤ちゃんの発声（泣き声以外の「クーイング」）数は変わらなかった。しかし，生後8週になると揺さぶりを与えない群の赤ちゃんは，断然発声数が多いことがわかった。この母親の揺さぶりが無いときの発声は何を意味するのであろうか。母親からの揺さぶりを求める赤ちゃんの反応と考えるのは思い過ごしではないだろう。

　このように，人の赤ちゃんは生後間もなくから，自分に一番近い存在である母親と乳首を吸うという行為を介して，コミュニケーションをとっている。さらに，コミュニケーションが中断したときには，赤ちゃんからそれを求める行動をとっているように見える。母親の乳首を吸っては休むというパターンを繰

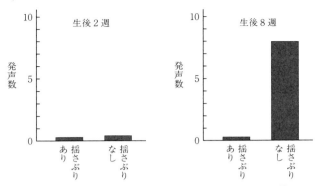

図1-1 揺さぶりと発声数の比較（生後2週時と8週時）
出典：正高（1993）『0歳児がことばを獲得するとき』21頁。

り返す動物は，人の赤ちゃん以外に知られていない。つまり，人はエネルギー摂取を犠牲にしてまでも，コミュニケーションに重点が置かれるように遺伝的になっているのである。

（2）発声のための身体の変化

　図1-2は，人とチンパンジーの喉の形態の比較である。声帯と咽頭に注目してほしい。声帯は糸電話の糸を通して振動が伝わる紙の部分の働きをし，咽頭の空間はその音を増幅させる共鳴箱の役目をする。この咽頭の位置を人とチンパンジーとで比較すると，人の咽頭はチンパンジーよりも低いことがわかる。人の場合，声帯からつくり出された振動音は咽頭から鼻に抜けるか，口に向かうか2つの経路を通る可能性がある。言葉を話そうとするとき，私たちは咽頭からの振動音を口から吐き出し，唇と舌の筋肉によって様々な音に加工する。そうすることによって言葉を発することができるのである。しかし，チンパンジーの咽頭はその位置が高く，声帯の振動が鼻から抜けるために，子音様（母音の混じらない音素が不明瞭で鼻に抜ける音。たとえば，kとかs）の音は出せるが，母音様（母音の混じる音。たとえば，ka・ki・ku・ke・koとか，sa・si・su・se・so）の音を発することができない。

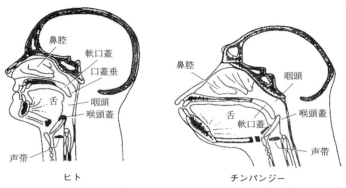

図 1-2 ヒトとチンパンジーの喉の切断面
出典：正高（1993）『0歳児がことばを獲得するとき』56頁。

　この咽頭の位置と大きさは，脊柱と頭のなす角度と深く関連している。人以外の動物は四足歩行をするため，脊柱と頭の角度は斜めとなる。そして咽頭の位置は口腔より上に位置する。一方，人は二足歩行をするようになって，頭を脊柱が真下から支えるようになった。そのため咽頭の位置が下がり，口と鼻とを分けている障壁（口蓋）の下に位置している。つまり，声帯の振動音を口腔から発することができ，母音様の音を発することが可能になったのである。
　さらに，図1-3は，成人と新生児の喉の形態の比較であるが，新生児の喉の形態がチンパンジーと酷似していることがわかるだろう。新生児はこの形態のおかげで食べたものが気管から入って喉を詰めることもないし，食べながら声を出すこともできる。また，飲み込むときに呼吸を止めなくてもよい。この形態が大人のように変化するのは生まれて3カ月過ぎの頃である。喉の形態は成人のように変化して，母音様の音を発することが可能になり，言葉を話す基盤ができるのである。

（3）発声のための母子のコミュニケーション

　赤ちゃんは生後3カ月を過ぎると，「アー」とか「クー」というような柔らかな声（クーイング）をあげる頻度が急激に増加する。母親はこの意味不明の

第1章　国語科教育の目標と内容

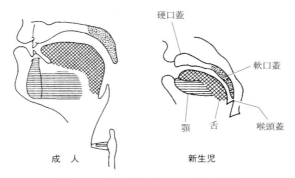

図1-3　成人と新生児の喉の形態の比較
出典：正高（1993）『0歳児がことばを獲得するとき』60頁。

音にも返事を送り返してやる。母親が積極的に赤ちゃんとの間に会話のようなものをつくろうと努力しているようにも映る。この相互交渉の中で赤ちゃんは何を学んでいるのだろう。

　生後4カ月の赤ちゃんに対して、発声の直後に100％返事をもらえるグループ（実験場面）とそうではないグループ（コントロール場面）をつくった。すると実験場面の赤ちゃんの発する声は90％以上が母音様であったのに対して、コントロール場面の赤ちゃんの発する声は母音様が50％未満で、半分以上が子音様であった。つまり、母親が子どもの声に返事をしてやることが、子どもの発声に質的変化をもたらし、成人の発する言葉に近い響きをもった音を生み出すように促すのである。

　一方、母親は成人の発する言葉に近い響きをもつ母音様の音と、鼻から抜けたサルの呻き声のような子音様の音とどちらに親近感をもち、かわいらしさを感じるであろうか。それはもちろん成人の発する言葉に近い母音様の音であろう。母音様の声を発すると高い確率で応答が返ってくることに気づいた赤ちゃんはそれに快感を覚え、同様の音声を発することが多くなる。自発的な発声訓練が促進されるのである。

9

（4）コミュニケーションに向かわせる「かわいらしさ」の出現

　オーストリアの動物行動学者ローレンツは，赤ちゃんの「かわいらしさ」が子育て行動を駆り立てる原動力となると考えた。そして「かわいらしさ」を感じさせる赤ちゃんの形態的な特徴について，「体に比して頭のプロポーションが大きいこと。頭部の中でも顔面より脳頭蓋のほうが相対的に大きいこと。目が大きく丸くて，低いところにあること。鼻と口は，ほんのわずかに突き出るだけで目立たず，一方ほっぺたがふくらんでいること。四肢が太短く，体全体がポチャポチャしていること。それに動作がぎこちないこと」（図1-4）と列挙している。人間の赤ちゃんも積極的な働きかけを必要とする生後3カ月くらいに，この「かわいい」という感情を掻き立てる形態的特徴となり，それが語りかけなどの子育て行動を旺盛にすると考えられる。

　これまでみてきたように，母親との動作や音声の交換（コミュニケーション）によって，人は生まれてから数カ月で言葉を獲得する基盤をつくり上げる。しかも，その素地が遺伝的に組み込まれている。人はまさにコミュニケートする存在であるといえよう。

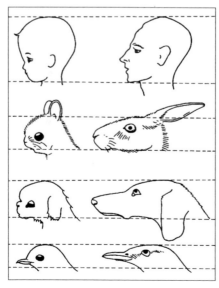

図1-4　ローレンツが示した赤ちゃんの「かわいらしい」形態的特徴
出典：正高（1993）『0歳児がことばを獲得するとき』88頁。

第1章　国語科教育の目標と内容

3　言葉の働き

　人は言葉によって，物事を認識し思考する。そして，言葉を介して他者とつながる。多くの人がつながるとそこに文化が生まれ，それは言葉によって継承される。つまり，言葉には「認識・思考機能」「伝達機能」「文化的機能」の３つの機能がある。言葉の「伝達機能」「文化的機能」については比較的理解しやすいだろうが，「認識・思考機能」については少し説明が必要であろう。

　「虹は何色？」と聞かれたら何と答えるであろう。おそらく「７色（赤，橙，黄，緑，青，藍，紫）に決まっているでしょ」と思ったのではないか。しかし，アメリカでは６色（赤・橙・黄・緑・青・紫）と答える。それは，英語では「藍色」を表す言葉がないからだ。リベリアのバサ語を話す民族は虹が赤と青の２色にしか見えないらしい。これは何を意味するのであろうか。同じものを見たり聞いたりしても，そのものに対する認識は使用する言語に大きく影響されるということである。

　日本には多くの「雨」を表す言葉がある。たとえば，五月雨（陰暦５月ごろに降りつづく長雨），小糠雨（雨滴が霧のように細かい雨），春雨（春，しとしとと静かに降る雨），煙雨（煙るように降る雨），黒雨（空を暗くするばかりに降る大雨），紅雨（春，花に降りそそぐ雨），残雨（雨があがった後，まだぱらぱらと降る雨）など，辞書を見ればほかにも多くの言葉が出てくる。このような言葉を知るまでは，「雨が降っている」としか認識できなかった人が，これらの言葉を知ってしまうと，「今日は小糠雨が降っている」「残雨だ」などと雨を細かく分けて認識してしまうはずである。また，夜空を見たとき，星座の名前を知るまでは，ただの空の点々にしか見えなかったのが，オリオン座，おうし座，おおいぬ座，こいぬ座，ふたご座，いて座，いるか座という言葉を知ると，見ようと思わなくても，そのように見えてしまう経験をしたことがあるだろう。このように，私たちは言葉によって，世界を分節化して物事を認識している。したがって，言葉を知れば知るほど，世界が詳細に見えてくる。

11

また，物事を考えるときに言葉を使わずに考えることはできない。いま，頭で考えていることもすべて言葉を介しているはずである。だとすると，好悪を「やばい」「ウザい」としか表現しないような若者は，世界をやばい（＋），ウザい（－）でしか認識せず，「やばい」「ウザい」という言葉でしか考えていないことになる。「やばい」という表現には「素晴らしい」「かっこいい」「おいしい」「綺麗」など様々な意味が，「ウザい」には「鬱陶しい」「腹が立つ」「嫌い」「苦々しい」などという意味が内包されているはずである。それを「やばい」「ウザい」としか表現できない若者は，快・不快でしかものを認識せず，思考も粗いものとなる。そして，赤ん坊のような行動をとる可能性がある。学習指導要領〔2008（平成20）年告示〕の総則に，「知識・技能を習得するのも，これらを活用し課題を解決するために思考し，判断し，表現するのもすべて言語によって行われるものであり，これらの学習活動の基盤となるのは，言語に関する能力である。さらに，言語は論理的思考だけではなく，コミュニケーションや感性・情緒の基盤でもあり，豊かな心をはぐくむ上でも，言語に関する能力を高めていくことが求められている」と記されているのは，こういう所以である。言葉の体系についての知識と運用能力を高め，言葉の三機能（認識・思考，伝達そして文化的機能）を正しく生かしていくことができれば，豊かな生活と人生が期待できるのである。

4　国語科教育の目標と内容

（1）言語の三機能と国語科教育の目標

　国語科は，母語の教育を担っており，先に示した言語の三機能を十分に発揮できるように人間を発達させることを目標としている。小学校学習指導要領〔2008（平成20）年告示〕において，国語科の目標は次のように掲げられている。

> 　国語を適切に表現し正確に理解する能力を育成し，伝え合う力を高めるとともに，思考力や想像力及び言語感覚を養い，国語に対する関心を深め国語を尊重する態度を育てる。

第1章　国語科教育の目標と内容

「国語を適切に表現し正確に理解する能力を育成し，伝え合う力を高める」の部分は言葉の「伝達機能」の発達を謳ったものである。続いて「思考力や想像力及び言語感覚を養い」は，言語の「認識・思考機能」の向上を，「国語に対する関心を深め国語を尊重する態度」は，言語の「文化的機能」への関心と尊重の重要性を示している。

新学習指導要領（国語科）の目標は，以下のとおりである。

　言葉による見方・考え方を働かせ，言語活動を通して，国語で正確に理解し適切に表現する資質・能力を次のとおり育成することを目指す。
(1)　日常生活に必要な国語について，その特質を理解し適切に使うことができるようにする。*
(2)　日常生活における人との関わりの中で伝え合う力を高め，思考力や想像力を養う。**
(3)　言葉がもつよさを認識するとともに，言語感覚を養い，国語の大切さを自覚し，国語を尊重してその能力の向上を図る態度を養う。***

国語科において目指すのは，「国語で正確に理解し適切に表現する資質・能力」であると示している。生活をとおして無意識に獲得した言語知識や言語能力だけでは不十分であり，言葉の「伝達機能」の発達を目標の最初に掲げている。また，「言語活動を通して」資質・能力を育成すると記しているが，目的意識をもった自覚的な言語使用によってのみ，言語能力の向上が図られることに留意する必要がある。

他教科などと同様に，新学習指導要領から，国語科において育成を目指す資質・能力を「知識及び技能」「思考力，判断力，表現力等」「学びに向かう力，人間性等」の三つの柱で整理し，上記のようにそれぞれの目標を(1)，(2)，(3)と示した。

(1)は，日常生活において必要な国語の特質について理解し，それを適切に使うことができることを目標として示している。具体的には，言葉の特徴や使い方，話や文章に含まれている情報の扱い方，わが国の言語文化に関する「知識及び技能」である。こうした「知識及び技能」の習得は，言語の三機能の基

13

表1-1 国語科教育の構造

教科目標		学年目標		内　容
言葉による見方・考え方を働かせ，言語活動を通して，国語で正確に理解し適切に表現する資質・能力を次のとおり育成することを目指す	〔知識及び技能〕 (1) 日常生活に必要な国語について，その特質を理解し適切に使うことができるようにする*	第1学年及び 第2学年	（巻末213頁 参照）	(1) 言葉の特徴や使い方に関する事項† (2) 情報の扱い方に関する事項†† (3) 我が国の言語文化に関する事項†††
		第3学年及び 第4学年	（巻末215頁 参照）	(1) 言葉の特徴や使い方に関する事項† (2) 情報の扱い方に関する事項†† (3) 我が国の言語文化に関する事項†††
		第5学年及び 第6学年	（巻末216頁 参照）	(1) 言葉の特徴や使い方に関する事項† (2) 情報の扱い方に関する事項†† (3) 我が国の言語文化に関する事項†††
	〔思考力，判断力，表現力等〕 (2) 日常生活における人との関わりの中で伝え合う力を高め，思考力や想像力を養う**	第1学年及び 第2学年	（巻末214頁 参照）	A　話すこと・聞くこと△ B　書くこと△△ C　読むこと△△△
		第3学年及び 第4学年	（巻末215頁 参照）	A　話すこと・聞くこと△ B　書くこと△△ C　読むこと△△△
		第5学年及び 第6学年	（巻末217頁 参照）	A　話すこと・聞くこと△ B　書くこと△△ C　読むこと△△△
	〔学びに向かう力，人間性等〕 (3) 言葉がもつよさを認識するとともに，言語感覚を養い，国語の大切さを自覚し，国語を尊重してその能力の向上を図る態度を養う***	第1学年及び 第2学年	（巻末213頁 参照）	
		第3学年及び 第4学年	（巻末215頁 参照）	
		第5学年及び 第6学年	（巻末216頁 参照）	

盤として働くものである。

(2)は，日常生活における人と人との関わりの中で，思いや考えを伝え合う力を高め，思考力や想像力を養うことを目標に示している。主に言葉の「伝達機能」「認識・思考機能」の向上を目指している。

(3)は，言葉がもつ良さを認識するとともに，言語感覚を養い，国語の大切さを自覚し，国語を尊重してその能力の向上を図る態度を養うことを目標に示している。主に言語の「文化的機能」の尊重などを謳っている。

このように学習指導要領において，国語科は言語の三機能の向上や尊重を目標にしているのである。

また，新学習指導要領では，表1-1のように国語科の教科目標(1)，(2)，(3)に対応して，2学年のまとまりごとに学年目標が掲げられている（巻末資料，213～221頁）。新学習指導要領 解説には，「各学年の目標を2学年まとめて示しているのは，児童の発達の段階や中学校との関連に配慮しつつ，児童や学校の実態に応じて各学年における指導内容を重点化し，十分な定着を図ることが大切だからである」と示されている。

（2）国語科教育の構造と内容

先述のように，新学習指導要領は，国語科の教科目標を「知識及び技能」「思考力・判断力・表現力等」「学びに向かう力・人間性等」の三つの柱で整理した（学年目標も同様）。しかし，内容は，表1-1のように〔知識及び技能〕および〔思考力，判断力，表現力等〕の二つから構成されており，〔学びに向かう力，人間性等〕の内容については示されていない。

〔知識及び技能〕の内容は，各学年とも「(1) 言葉の特徴や使い方に関する事項」「(2) 情報の扱い方に関する事項」「(3) 我が国の言語文化に関する事項」から構成されており，具体的には以下のような事項を扱う。

(1) 言葉の特徴や使い方に関する事項[†]	言葉の働き，話し言葉と書き言葉，漢字，語彙，文や文章，言葉遣い，表現の技法，音読，朗読
(2) 情報の扱い方に関する事項[††]	情報と情報との関係，情報の整理
(3) 我が国の言語文化に関する事項[†††]	伝統的な言語文化，言葉の由来や変化，書写，読書

　次に「思考力，判断力，表現力等」の内容は，「A 話すこと・聞くこと」「B 書くこと」および「C 読むこと」の三領域で構成されており，各領域は次のような内容で学習指導過程に沿って構成されている。

A 話すこと・聞くこと[△]	話題の設定，情報の収集，内容の検討／構成の検討，考えの形成（話すこと）／表現，共有（話すこと）／構造と内容の把握，精査・解釈，考えの形成，共有（聞くこと）／話合いの進め方の検討，考えの形成，共有（話し合うこと）
B 書くこと[△△]	題材の設定，情報の収集，内容の検討／構成の検討／考えの形成，記述／推敲／共有
C 読むこと[△△△]	構造と内容の把握／精査・解釈／考えの形成／共有

　これら三領域の指導事項も2学年まとめて示され，言語活動例を参考にしながら，言語活動を通して指導するようになっている。学習指導要領および解説を熟読し，国語科教育の構造をしっかりとつかむことが重要である。

引用・参考文献

アルバート・マレービアン，西田司他訳（1986）『非言語コミュニケーション』聖文社，98頁。

岡本夏木（1985）『ことばと発達』岩波新書，22～23頁。

竹内一郎（2005）『人は見た目が9割』新潮社，18頁。

俵万智（1987）『サラダ記念日』河出書房新社，10頁。

デズモンド・モリス，藤田統訳（1991）『マンウォッチング（上）』小学館ライブラリー，232～233頁。

ヘレン・ケラー，岩橋武夫訳（1966）『わたしの生涯』角川文庫，24頁。

正高信男（1993）『0歳児がことばを獲得するとき』中公新書，3～96頁。

第1章　国語科教育の目標と内容

学習の課題

(1)　バーバルコミュニケーションがノンバーバルコミュニケーションより優れていると感じた経験と劣っていると感じた経験を書き出してみよう。

(2)　言葉が思考や認識に関わっていると感じたことを想起し，思考力や認識力を高めるために，言葉の学びはどのようであるべきかを考えてみよう。

(3)　2008（平成20）年と，2017（平成29）年告示の『小学校学習指導要領 解説 国語編』を読んで，どこがどのように変わったかをまとめてみよう。

【さらに学びたい人のための図書】

今村むつみ（2013）『ことばの発達の謎を解く』ちくまプリマー新書。

　　⇨発達心理学，認知科学の視点から，単語も文法も知らない赤ちゃんが思考の道具である言葉を獲得する過程を描いている。

岡本夏木（1985）『ことばと発達』岩波新書。

　　⇨子どもの第二の言葉の獲得は，子どもの学校生活とともに始まる。学校という場での子どもと言葉の関わりに焦点を当てている。

ヘレン・ケラー，小倉慶郎訳（2004）『奇跡の人 ヘレン・ケラー自伝』新潮文庫。

　　⇨三重苦のヘレン・ケラーがサリバンとともに言葉を回復していく自伝。『わたしの生涯』より訳が新しく理解しやすい。

（井上雅彦）

第2章 国語科教育の方法

この章で学ぶこと

本章では，いま求められている国語科の授業がどのようなものかを考える。まず，PISA 調査をはじめとする内外の学力調査などの結果から思考力・判断力・表現力等の育成が求められ，それが2008（平成20）年告示の学習指導要領に示された「言語活動の充実」につながったことを学ぶ。次に，新学習指導要領では，コンテンツ（内容）からコンピテンシー（資質・能力）へ能力観の転換が図られ，その育成方法としてアクティブラーニング（主体的・対話的で深い学び）が掲げられたことを理解する。そのうえでアクティブラーニングを成立させるために重要なことは何かを学ぶ。さらに ICT をどのように活用するかを知る。

1 言語活動の充実

（1）PISA 調査の特色

2000年より OECD（経済協力開発機構）は，義務教育終了段階の15歳児を対象とした学習到達度調査を実施している。以下は，この PISA 調査の「読解力」をはかる問題である。これを解いて，従来の国語科の試験問題との違いをできるだけ多くあげてみよう。

> 次の2通の手紙は，落書きについての手紙で，インターネットから送られてきたものです。落書きとは，壁など所かまわずに書かれる違法な絵や文章です。この手紙を読んで，問1〜4に答えてください。

第2章　国語科教育の方法

落 書 き

　学校の壁の落書きに頭に来ています。壁から落書きを消して塗り直すのは，今度が4度目だからです。創造力という点では見上げたものだけれど，社会に余分な損失を負担させないで，自分を表現する方法を探すべきです。

　禁じられている場所に落書きするという，若い人たちの評価を落とすようなことを，なぜするのでしょう。プロの芸術家は，通りに絵をつるしたりなんかしないで，正式な場所に展示して，金銭的援助を求め，名声を獲得するのではないでしょうか。

　わたしの考えでは，建物やフェンス，公園のベンチは，それ自体がすでに芸術作品です。落書きでそうした建築物を台なしにするというのは，ほんとに悲しいことです。それだけではなくて，落書きという手段は，オゾン層を破壊します。そうした「芸術作品」は，そのたびに消されてしまうのに，この犯罪的な芸術家たちはなぜ落書きをして困らせるのか，本当に私は理解できません。

ヘルガ

　十人十色。人の好みなんてさまざまです。世の中はコミュニケーションと広告であふれています。企業のロゴ，お店の看板，通りに面した大きくて目ざわりなポスター。こういうのは許されるでしょうか。そう，大抵は許されます。では，落書きは許されますか。許せるという人もいれば，許せないという人もいます。

　落書きのための代金はだれが払うのでしょう。だれが最後に広告の代金を払うのでしょう。その通り，消費者です。

　看板を立てた人は，あなたに許可を求めましたか。求めていません。それでは，落書きをする人は許可を求めなければいけませんか。これは単に，コミュニケーションの問題ではないでしょうか。あなた自身の名前も，非行少年グループの名前も，通りで見かける大きな製作物も，一種のコミュニケーションではないかしら。

　数年前に店で見かけた，しま模様やチェックの柄の洋服はどうでしょう。それにスキーウェアも。そうした洋服の模様や色は，花模様が描かれたコンクリートの壁をそっくりそのまま真似たものです。そうした模様や色は受け入れられ，高く評価されているのに，それと同じスタイルの落書きが不愉快とみなされているなんて，笑ってしまいます。

　芸術多難の時代です。

ソフィア

問1　この2つの手紙のそれぞれに共通する目的は，次のうちどれですか。
　　A　落書きとは何かを説明する
　　B　落書きについて意見を述べる
　　C　落書きの人気を説明する
　　D　落書きを取り除くのにどれほどお金がかかるかを人びとに語る
問2　ソフィアが広告を引合いに出している理由は何ですか。
問3　あなたは，この2通りの手紙のどちらに賛成しますか。片方あるいは両方
　　の内容にふれながら，**自分なりの言葉**を使ってあなたの答えを説明してくだ
　　さい。
問4　手紙に**何**が書かれているか，内容について考えてみましょう。手紙がどの
　　ような**書き方**で書かれているか，スタイルについて考えてみましょう。どち
　　らの手紙に賛成するかは別として，あなたの意見では，どちらの手紙が良い
　　手紙だと思いますか。片方あるいは両方の手紙の書き方にふれながら，あな
　　たの答えを説明してください。

　どのような違いがあっただろうか。この PISA 調査の読解問題と従来の国
語科の読解問題との相違を，田中（2006）は以下の4点にまとめている。

- 理解だけではない……テキストに書かれた情報を理解するだけでなく，
  「熟考」し，「評価」することを含んでいる
- 読むだけではない……テキストを単に読むだけではなく，テキストを利
  用したり，テキストに基づいて自分の意見を論じ
  たりすることが求められている
- 内容だけではない……テキストの内容だけでなく，構造・形式や表現法
  も，評価すべき対象となる
- 文章だけではない……テキストには，文学的な文章や説明的文章などの
  「連続型テキスト」だけでなく，図，グラフ，表
  などの「非連続型テキスト」を含んでいる

問3，4のように，PISA 調査の問題はテキストの理解を前提条件として，そのうえで「あなた」（読者）の意見を求めていることに気づくであろう（「理解だけではない」）。このようにテキストに書かれていることを，生徒の知識や考え方や経験と結びつけて答えるような形式の問題を「熟考・評価」の問題と呼ぶ。また，これまでの国語の問題は文章の「内容」理解に主眼が置かれていたが，問4のように「書き方」について意見を求めていることも大きな特色である。つまり，内容だけではなく，テキストの構造・形式や表現法も評価する対象となっているのである（「内容だけではない」）。さらに，記述問題が多く，選択問題が少ないことにも気づいたであろう。テキストを読むだけにとどまらず，自分の意見を論じることまで求めているのである（「読むだけではない」）。紙幅の関係でここに載せることはしていないが，図やグラフを読む問題も読解力の問題として出題されている（「文章だけではない」）。

　なぜこのような特徴的な問題となっているのであろうか。それは，PISA 調査における読解力（reading literacy）が，「自らの目標を達成し，自らの知識と可能性を発達させ，効果的に社会に参加するために，書かれたテキストを理解し，利用し，熟考する能力」と定義されていることによる。「効果的に社会に参加するため」とは，特定の学校カリキュラムがどれだけ習得されているかではなく，実生活の様々な場面で直面する課題に，どの程度適応できるかどうかをはかることを意図している。そのためテキストの内容を理解するだけではなく，テキストに書かれていることを読者の知識や考え方や経験と結びつけて考え，自分の意見をもつことまで求めている。そして，物語，論説など散文形式の「連続型テキスト」と呼ばれるものだけではなく，表，図，グラフなどの「非連続型テキスト」までを読解の対象としているのである。

（2）PISA 調査の結果と対応

　実生活に生かされる力をはかる PISA 調査に対して，日本の子どもは得意，不得意どちらだろうか。PISA 調査は2000年から3年ごとに実施されているが，「読解力」の結果は2000年の8位に始まり，2003年は14位に低下した。この時

の低下幅24点は参加国中最も大幅なものであった。「分数のできない大学生」など巷では学力低下論争が活発になっていたこともあり，この低下は PISA ショックと呼ばれた。

　とりわけ日本の子どもは，必要な情報を見つけ出し，取り出すこと（「情報の取出し」）は得意であるものの，情報相互の関係性を理解して解釈したり（「解釈」），自らの知識や経験と結びつけたりすること（「熟考・評価」）が苦手であること，無答率が高いことが指摘された。文部科学省は「読解力向上プログラム」（2005.12）を出して対応しようとした。そこには，改善の具体的な方向性として，次の３つの重点目標が示された。

　ア　テキストを理解・評価しながら読む力を高める取組の充実
　イ　テキストに基づいて自分の考えを「書く力」を高める取組の充実
　ウ　様々な文章や資料を読む機会や，自分の意見を述べたり書いたりする機会の充実

（下線はすべて筆者による）

　しかし，2006年の PISA 調査も15位という結果であった。2007年より文部科学省は全国学力・学習状況調査を実施し，知識・技能の「習得」（A 問題）だけでなく，それらの「活用」（B 問題）も評価することにした。けれども全国学力・学習状況調査においても「活用」問題の結果は芳しいものではなかった。これを受けて，学習指導要領〔2008（平成20）年告示〕の「読むこと」領域の指導事項には，次のように「自分の思いや考え」「一人一人の感じ方」「自分の考え」という文言を示し，小学校段階から PISA 調査に対応しようとした。この傾向は新学習指導要領にも引き継がれている。

第2章　国語科教育の方法

> オ　文章の内容と自分の経験とを結び付けて，自分の思いや考えをまとめ，発表し
> 合うこと。〔第1学年及び第2学年〕
> オ　文章を読んで考えたことを発表し合い，一人一人の感じ方について違いのある
> ことに気付くこと。〔第3学年及び第4学年〕
> ウ　目的に応じて，文章の内容を的確に押さえて要旨をとらえたり，事実と感想，
> 意見などとの関係を押さえ，自分の考えを明確にしながら読んだりすること。
> 〔第5学年及び第6学年〕
> エ　登場人物の相互関係や心情，場面についての描写をとらえ，優れた叙述につい
> て自分の考えをまとめること。〔第5学年及び第6学年〕
> オ　本や文章を読んで考えたことを発表し合い，自分の考えを広げたり深めたりす
> ること。〔第5学年及び第6学年〕

　これまでの考察をもとにすると，いま求められている「読むこと」の授業は，
文章や図表から情報を正確に読み解く力を前提として，文章の内容や書き方に
対して自分の考えをもつ力を育むことが求められている。その場合，一人ひと
りの子どもの考えを豊かなものにするためにクラスメートとの伝え合いが重要
になる。そして伝え合った内容を自己の中に落とし込むための振返りの時間も
必要となる。さらに，読んだことをもとにして書いたり，話したりして表現す
る力まで育むことが求められる。いま求められている「読むこと」の授業は，
次のような学習活動を含む授業であろう。

1. 文章や図や表から情報を正確に読み解く力を育むために
   - 文章の「内容」を正確に理解する学習活動
   - 非連続型テキストを含む多様な教材を用いた学習活動
2. 文章の内容や書き方について自分の考えをもって読む力を育むために
   - 「内容」と「表現（構成，展開，表現の仕方）」を評価する学習活動
   - 伝え合いがあり，自己の学びを振り返る場のある学習活動
3. 読んだことをもとにして表現する力を育むために
   - 「読む」だけで終わらず「表現」へと結びつける学習活動

（3）思考力・判断力・表現力等を育むための言語活動

　PISA 調査をはじめとする内外の学力調査の結果より，日本の子どもは基礎的・基本的な知識・技能の「習得」については，一定の成果が認められるものの，思考力・判断力・表現力等を問う読解力や記述式の「活用」問題に課題があることが明らかになった。また，知識基盤社会やグローバル社会の到来に伴い，変化に対応していく力が求められている。そのためには幅広い知識と柔軟な思考力，判断力が必要だといわれている。さらに，家庭での学習時間も諸外国の子どももより少なく，日本の子どもの学ぶ意欲の欠如が指摘された。2007年には学校教育法が改正され，30条2項に学力の重要な要素として「知識・技能」「思考力・判断力・表現力等」「主体的に学習に取り組む態度」の3つを規定した。

　これをうけて，学習指導要領〔2008（平成20）年告示〕総則の教育課程編成の一般方針には，次のような方針が示された。

1　（前略）基礎的・基本的な知識及び技能を確実に習得させ，これらを活用して課題を解決するために必要な思考力，判断力，表現力その他の能力をはぐくむとともに，主体的に学習に取り組む態度を養い，個性を生かす教育の充実に努めなければならない。その際，生徒の発達の段階を考慮して，生徒の言語活動を充実するとともに，家庭との連携を図りながら，生徒の学習習慣が確立するよう配慮しなければならない。

　ここで注目すべきは，2008（平成20）年改訂にあたって，充実すべき重要事項の第一に「言語活動の充実」をあげたことである。「思考力・判断力・表現力等」を育成する観点から，基礎的・基本的な知識及び技能の「活用」を図る学習活動を重視するとともに，全教科を通して言語活動の充実を求めたのである。また，言語能力を育成する中核的な役割を担う国語科の学習指導要領には，「話すこと・聞くこと」「書くこと」「読むこと」の各領域に報告，討論，説明，紹介といった言語活動を例示し，その位置づけを「3 内容の取扱い」から「2 内容」に移行した。言語活動例を基に，具体的な言語活動を通して指導事項を指導するように促したのである。

（4）国語科と他教科の言語活動

　言語活動には，先述の報告，討論，説明，紹介の他にたとえば発表，ペア対談，バズセッション，話し合い，スピーチ，プレゼンテーション，ディベート，パネルディスカッション，批評，記録，要約，新聞づくり，レポート（報告文），手紙，鑑賞文，案内文，意見文といった多種多様なものがある。これら言語活動を充実するために国語科は何をしなければならないのだろうか。

　国語科は言語能力そのものを育成する教科であり，そのために言語活動を意図的，計画的に行う。たとえば，「スピーチ」という言語活動をとおして表2-1のようなスキルを鍛え，効果的に意図が伝わるようにする。その主たる目的はスピーチで何を話すかという内容だけではなく，言語表現力の育成である。また，このような言語活動は年間をとおして系統的・発展的に配され，言語能力の意図的な向上を目指す。次頁の図2-1は小学校6年生がみつけた読取りのコツ（スキル）である。身につけたスキルは，このようなかたちで教室の前面や側面に掲示して，学習のたびに想起し，定着させるようにしたい。

　一方，各教科等では国語科で習得した言語活動の能力を利用し，活用する。つまり，各教科で「記録・報告する，説明する，まとめて表現する，記述する」といった言語活動を効果的に取り入れて，社会的な認識や数学的な思考力，芸術・

表2-1　スピーチのスキル（技能）

- 目的をはっきりとする
- 内容に対する聞き手の理解度を想定する
- 具体例をできるだけ多く入れるようにする
- 最も伝えたいことを最初か最後，または両方で述べる
- 聞き手の興味を引くような表現の仕方をする
- 三部構成でまとめるとすっきりとする
- 原稿は読まない
- 聞き手の全員に声を届ける
- スピーチの速度を意識する
- 間をあけたり，強弱をつけたりする
- 表情を豊かにして，視線を聞き手に向ける
- 身振りや手振りを有効に使う

図2-1　6年生がみつけた読取りのコツ

出典：堀江（2007）『国語科授業再生のための5つのポイント』。

道徳的感性や情緒を育て，当該教科の学習の目標やねらいを達成するのである。

2　アクティブラーニング

（1）資質・能力の育成へ

　現代社会は，高度情報化社会の発展，グローバリゼーションの進展の中で極めて複雑で不確実な状況を迎えている。「急激な変化」「複雑性」「相互依存」

に特徴づけられる世界である。新学習指導要領の適用期限が切れる2030年には，どのような社会になっているのだろうか。少子高齢化の影響で65歳以上の割合が総人口の3割を占め，世界の GDP に占める日本の割合は5.8％から3.4％に減少するといわれている。また，今後10〜20年程度で半数近くの仕事が自動化される可能性が高く，子どもの65％は今存在していない職業に就く可能性があるという。さらに，2045年には人工知能が人類を超える「シンギュラリティ」に到達するという指摘もある。

　このように変化の激しい不透明な時代を生き抜いていくために，子どもにどのような力をつけてやればよいのだろうか。このような問題意識から，これからの時代に求められる「キー・コンピテンシー」（主要な資質・能力）を特定しようとする試みが，1997年末に OECD「コンピテンシーの定義と選択」（DeSeCo）としてスタートした。そこで特定されたキー・コンピテンシーの3つのカテゴリーは，以下のとおりである。

- 社会・文化的，技術的ツールを相互作用的に活用する能力
  （個人と社会との相互関係）
  - A　言語，シンボル，テクストを相互作用的に用いる能力
  - B　知識や情報を相互作用的に用いる能力
  - C　技術を相互作用的に用いる能力
- 多様な社会グループにおける人間関係形成能力
  （自己と他者との相互関係）
  - A　他人とよい関係をつくる能力
  - B　協力する能力
  - C　争いを処理し，解決する能力
- 自律的に行動する能力
  （個人の自律性と主体性）
  - A　大きな展望のなかで活動する能力
  - B　人生計画や個人的プログラムを設計し実行する能力
  - C　自らの権利，利害，限界やニーズを表明する能力

表 2 - 2　諸外国の教育改革における資質・能力目標

DeSeCo		EU	イギリス	オーストラリア	ニュージーランド	(アメリカほか)	
キーコンピテンシー		キーコンピテンシー	キースキルと思考スキル	汎用的能力	キーコンピテンシー	21世紀スキル	
相互作用的道具活用力	言語，記号の活用	第1言語 外国語	コミュニケーション	リテラシー	言語・記号・テキストを使用する能力		基礎的なリテラシー
	知識や情報の活用	数学と科学技術のコンピテンス	数学の応用	ニューメラシー			
	技術の活用	デジタル・コンピテンス	情報テクノロジー	ICT技術		情報リテラシー ICTリテラシー	
反省性 (考える力) (協働する力) (問題解決力)		学び方の学習	思考スキル (問題解決) (協働する)	批判的・創造的思考力	思考力	創造とイノベーション / 批判的思考と問題解決 / 学び方の学習 / コミュニケーション / 協働	認知スキル
自律的活動力	大きな展望	進取の精神と起業精神		倫理的行動	自己管理力	キャリアと生活	社会スキル
	人生設計と個人的プロジェクト		問題解決 協働する				
	権利・利害・限界や要求の表明	社会的・市民的コンピテンシー 文化的気づきと表現		個人的・社会的能力 異文化間理解	他者との関わり 参加と貢献	個人的・社会的責任	
異質な集団での交流	人間関係力					シティズンシップ	
	協働する力						
	問題解決力						

出典：国立教育政策研究所（2013）「社会の変化に対応する資質や能力を育成する教育課程の基本原理」。

　キー・コンピテンシーの枠組みの中心にあるのは，個人が深く考え，行動することの必要性である。深く考え行動するためには，目前の状況に対して特定の定式や方法を反復継続的に当てはめる力ではなく，変化に対応する力，経験から学ぶ力，批判的な立場で考え行動する力が求められる。

　OECDだけではなく，各国においても表2-2のようにコンピテンシー（資質・能力）の特定とそれに基づく教育改革が行われている。日本においても国立教育政策研究所「21世紀型能力」，内閣府「人間力」，経済産業省「社会人基礎力」などが出されている。これからは，「何を知っているか」ではなく「実

生活や実社会において，いかに知識や技能を活用して問題が解決できるか」を育成すべき力の中核に据えて教育の転換が志向される。コンテンツ（内容）からコンピテンシー（資質・能力）へ能力観の転換が求められているのである。

（2）資質・能力を育むアクティブラーニング

　2008（平成20）年告示の学習指導要領は，「何を教えるのか」というコンテンツの観点から整理されており，「何ができるようになるか」への配慮が足りないと指摘された。そこで新学習指導要領は，図2-2のように「何を知っているか，何ができるか」（個別の知識・技能）だけではなく，「知っていること・できることをどう使うか」（思考力・判断力・表現力等），そして「どのように社会・世界と関わり，よりよい人生を送るか」（主体性・多様性・協働性，学びに向かう力，人間性など）を育むことを求めた。

　このような資質・能力は一方的な講義式授業でノートをとるだけでは身についたり育ったりしない。社会と結びついた真正の状況や文脈のなかで，実際に資質・能力を働かせることによって身につけることができる。思考力は思考さ

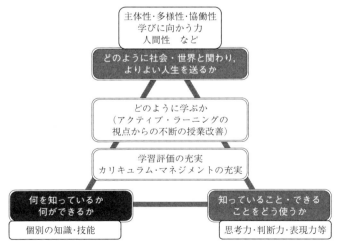

図2-2　育成すべき資質・能力の三つの柱を踏まえた日本版カリキュラム・デザインのための概念
　　出典：中央教育審議会答申（2015）「教育課程企画特別部会　論点整理　補足資料」。

29

せることで，判断力は判断させることで，表現力は表現させることで育成されるのである。そこでアクティブラーニング（主体的・対話的で深い学び）の視点から不断の授業改善が必要だとされた。

（3）アクティブラーニングを成立させる要件

　元来，アクティブラーニングは大学の授業改革に使われた用語であり，その定義については諸説ある。中央教育審議会答申（2012）では「教員による一方向的な講義形式の教育とは異なり，学修者の能動的な学修への参加を取り入れた教授・学習法の総称」と定義している。さらに「発見学習，問題解決学習，体験学習，調査学習等が含まれるが，教室内でのグループ・ディスカッション，ディベート，グループ・ワーク等も有効なアクティブ・ラーニングの方法である」と記している。また，溝上（2014）は「一方向的な知識伝達型講義を聴くという（受動的）学習を乗り越える意味での，あらゆる能動的な学習のこと。能動的な学習には，書く・話す・発表するなどの活動への関与と，そこで生じる認知プロセスの外化を伴う」と定義している。

　では，アクティブラーニングの視点から授業改善を図るとは具体的にどのようにすればよいのであろうか。中央教育審議会答申（2016）では，以下の3つの視点を示している。

〔主体的な学び〕
　学ぶことに興味や関心を持ち，自己のキャリア形成の方向性と関連付けながら，見通しを持って粘り強く取り組み，自己の学習活動を振り返って次につなげる「主体的な学び」が実現できているか。

〔対話的な学び〕
　子供同士の協働，教職員や地域の人との対話，先哲の考え方を手掛かりに考えること等を通じ，自己の考えを広げ深める「対話的な学び」が実現できているか。

〔深い学び〕
　習得・活用・探究という学びの過程の中で，各教科等の特質に応じた「見方・考え方」を働かせながら，知識を相互に関連付けてより深く理解したり，情報を精査して考えを形成したり，問題を見いだして解決策を考えたり，思いや考えを基に創造したりすることに向かう「深い学び」が実現できているか。

第2章　国語科教育の方法

　主体的な学びは，実社会や実生活に関わる主題を積極的に取り入れて，子ど
もが興味をもって学習に取り組むとともに，学習活動を自ら振り返り，獲得さ
れた知識・技能や育成された資質・能力を自覚したり，意味づけたりすること
によって実現する。対話的な学びには，対象との対話，人との対話，自己との
対話を図り，考えを広げ深めるために言語活動を充実することが重要である。
深い学びは，習得・活用・探究という学習プロセスにおいて，各教科で習得し
た概念や考え方を相互に関連づけて自己の考えを形成したり，問題の発見・解
決を図ったりする過程で達成する。

　これらの視点を整理すると，主体的・対話的で深い学び（アクティブラーニン
グ）を実現する授業の要件は，以下のようになるであろう。

主体的な学びを育むために

- 児童が興味をもつ教材・題材を用いて，魅力的な導入をする
  （日常生活・社会生活と関連のあるものが望ましい）
- 単元の見通しをもたせるとともに，本時の目標を明示する
- 「できた」「わかった」を実感させるために振り返りを行う

対話的な学びを育むために

- 自分の考えを発表したり，他者と伝え合ったりする機会をもつ
- テキストと自分の考えを照らし合わせて読む

深い学びを育むために

- 課題解決的な学習や単元を構想し，既習事項を活用する学習を設定する

出典：冨山（2016）をもとに筆者改変。

　ここで気をつけておかなければならないのは，アクティブラーニング（主体
的・対話的で深い学び）とは，特定の指導方法のことではないということである。
また，1単位時間の授業の中ですべてが実現されるものでもない。単元全体や
題材のまとまりのなかで，これらを効果的に配置し，関連づけて「主体的・対
話的で深い学び」の実現を図るという発想が必要になる。単元デザインの詳細
については，第3章で詳述する。

31

3　ICT 教育

（1）ICT 教育とは何か

　ICT（Information & Communication Technology）とは情報通信技術のことであり，ICT 教育とは電子黒板やプロジェクター，ノートパソコン，タブレット型端末，デジタルカメラやデジタル教材などの情報通信技術を用いて教育を行うことを指す。具体的には，インターネットを用いて必要な情報を検索してレポートをまとめる，地図アプリを使って立体的な情報を得る，パソコンでプレゼンテーション資料をつくる，児童の考えを教員がパソコンで集計して発表するというような学習活動がある。このような ICT 教育の効果について総務省は図2-3のようにまとめ，積極的に ICT 化に取り組んでいる教育機関ほど，

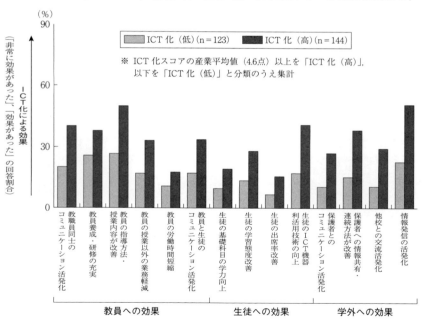

図2-3　教育機関 ICT 化と効果の関係

出典：総務省（2012）「ICT が成長に与える効果に関する調査研究」をもとに筆者作成。

その効果を得ていると報告している。

ICT 教育は，情報活用能力を育てる目的と教科の学習目標を達成する目的とに分けられる。情報活用能力の育成を目指す ICT 教育とは，高度情報社会の中で，情報に踊らされることなく，情報を取捨選択し，効率的に活用する技能を養うことを目指すものである。教科の学習目標を達成する ICT 教育とは，ICT を有効に利用して，事前準備や指導法の改善を図り，子どもの学力の向上を目指すものである。また，ICT を活用して子どもに「主体的・対話的で深い学び」（アクティブラーニング）を実現し，汎用的な能力を育成するためにも利用できる。さらに，特別な支援が必要な子どもにも有効である。本節では教科の学習目標を達成するための ICT 教育について詳述する。

（2）教科の目標を達成するための ICT 教育

文部科学省（2010）によると，教科指導における ICT 教育は，学習指導の準備と評価のための教員による ICT 活用，授業での教員による ICT 活用，児童生徒による ICT 活用の 3 つに分類できる。これらの分類にしたがって，ICT の具体的な活用について紹介しよう。

【学習指導の準備と評価のための教員による ICT 活用】

よりよい授業を実現するために，教員が ICT を活用して授業の準備を進めたり，教員が学習評価を充実させるために ICT を活用したりする場合がある。

たとえば，授業の計画段階において，単元や授業のどの場面で ICT を活用するのが効果的であるかを検討する。また，ICT を活用した資料や教材提示の仕方を検討し，提示するタイミングや見せ方を工夫する。さらに，インターネットや CD-ROM を用いて，授業で使用する教材や資料等を収集したり，ワープロやプレゼンテーションソフトを用いて授業に必要なプリントや提示資料を作成したりする。このように学習指導の準備に ICT を活用することがある。

授業終了後には，表計算ソフトを用いて成績の集積，学習状況の把握をする。また，ポートフォリオ評価のために，パソコンやデジタルカメラ等を用いて学習成果物や作品を集積する。このように ICT を授業効果の振返りや授業改善

に役立てることもできる。

【授業における教員の ICT 活用】

教員が授業中に，学習課題への興味関心を高めさせたり，学習内容の理解を促進させたりするのに以下のようなものを活用する方法がある。

- プロジェクター：教科書準拠デジタルコンテンツを活用して，教科書や図書資料などの挿絵や写真を拡大提示し，文章を読む際に内容への関心を高めるようにする
- 大型ディスプレイ：書写の指導で実物投影機などを活用して毛筆書写の模範を提示し，穂先の動きや点画のつながりを意識して書かせるようにする
- ワープロソフト：編集機能を活用して書くことの指導において，段落や構成，展開などをわかりやすく説明する

また，教師と児童の間や，児童同士で対話的な学びを創造するための ICT 活用もある。LAN を利用して個に応じた課題を 1 人 1 台のタブレット等の情報端末に配信して取り組ませ，それに対する指導や評価をする。個々の学習成果を児童の情報端末から教員のパソコンに送信させ，それを編集したり分類したりしてプロジェクターに提示して学級全体で交流する。そして個々の児童から意見を募るといった活用もできる。

【児童の ICT 活用】

以下のように，児童も様々なかたちで ICT を活用することができる。

- コンピュータやインターネットなど…最新の資料やデータなどから，学習に必要な情報を収集したり，収集した多くの情報から課題の解決に必要な情報を選択したりする。

次に，自分の考えを文章にまとめたり，調べたことを図や表にまとめたりするために ICT を活用する場合がある。

- ワープロソフトや表計算ソフトなど…学んだこと，調査した結果，それらに対する自分の考えを文章にまとめたり，図書で調べたことを根拠に図や表にまとめたりする。

また，わかりやすく発表したり表現したりするために，児童が ICT を活用

することもある。

- コンピュータやプレゼンテーションソフトなど…教科等の学習で学んだことや自分の伝えたいことを，ほかの児童にわかりやすく発表したり，絵図や表，グラフなどを用いて効果的に表現したりする。

そのほか，繰り返し学習や個別学習によって，知識の定着や技能の習熟を図るために ICT を活用する場合もある。特別な支援が必要な児童も能力や特性に応じてドリルなどに取り組むことができる。

（3）ICT 教育の留意点

ICT は目的ではなくあくまでも手段である。ICT を使用することが目的なのではなく，児童の学力や資質・能力を伸ばす手段として ICT を位置づけることが重要である。また ICT を使用すればそれで児童の学力が向上するという幻想は捨てるべきである。ICT が教員の授業展開にうまく組み込まれてこそ学力や資質・能力の向上につながる。そのために，どのような学習場面でどのように ICT を用いるのかといった場面，方法などの工夫が求められる。一般財団法人日本視聴覚教育協会（2010～2012）『教育 ICT 活用事例集』には，小学校から高等学校，特別支援学校までの様々な ICT 教育の実践事例が掲載されている。これは文部科学省委託「国内の ICT 教育活用好事例の収集・普及・促進に関する調査研究事業」アーカイブサイト（http://eduict.javea.or.jp/index.html　2018年 6 月 1 日）において検索可能である。このようなものを参考にして効果的な ICT 活用を目指してほしい。

ICT に対する教員側の理解度の低さや，ICT を正しく使うためのモラルやリテラシー教育の必要性，ハード面での整備など，ICT 教育を充実させるためにまだまだ課題は多くある。しかし，ますますスピードを増す高度情報化社会に，学校だけが取り残されているわけにはいかないだろう。

引用・参考文献
一般財団法人日本視聴覚教育協会（2010～2012）『ICT を教育活用した事例集』。
溝上慎一（2014）『アクティブラーニングと教授学習法パラダイムの転換』東信堂，7 頁。

国立教育政策研究所（2013）「社会の変化に対応する資質や能力を育成する教育課程の基本原理」13頁。

田中孝一（2006）「『読解力』をどうとらえていくか」横浜国立大学教育人間科学部附属中学校 FY プロジェクト編（2006）『「読解力」とは何か』三省堂，9～10頁。

中央教育審議会答申（2012）「新たな未来を築くための大学教育の質的転換に向けて――生涯学び続け，主体的に考える力を育成する大学へ」37頁。

中央教育審議会答申（2015）「教育課程企画特別部会　論点整理　補足資料」。

中央教育審議会答申（2016）「幼稚園，小学校，中学校，高等学校及び特別支援学校の学習指導要領等の改善及び必要な方策等について」49～50頁。

冨山哲也編著（2016）『主体的・協働的に学ぶ力を育てる！ 中学校国語科アクティブ・ラーニング GUIDE BOOK』明治図書，4頁。

堀江祐爾（2007）『国語科授業再生のための5つのポイント』明治図書，92頁。

文部科学省（2010）「教育の情報化に関する手引」46頁。

学習の課題

(1)　全教科において言語活動の充実がなぜ必要なのかを明らかにして，国語科は言語活動の充実にどのように関わればよいのかを考えよう。

(2)　アクティブラーニング（主体的・対話的で深い学び）を成立させるために，授業でどのようなことを意識して単元づくりをすればよいか記してみよう。

(3)　自分が ICT 機器を使って授業をするなら，どのような使い方をするか考えてみよう。

【さらに学びたい人のための図書】

髙木まさき（2013）『国語科における言語活動の授業づくり入門』教育開発研究所。
　　⇨なぜ「言語活動」なのか，「言語活動」とは何をどうすることなのかを歴史的な考察を交えて詳細に解説している。

国立教育政策研究所編（2016）『［国研ライブラリー］資質・能力 理論編』東洋館出版社。
　　⇨「21世紀に求められる資質・能力」を，学術的に精緻化・構造化してまとめた理論編。アクティブラーニングとの関連がわかる。

新潟大学附属新潟小学校（2017）『ICT×思考ツールでつくる「主体的・対話的で深い学び」を促す授業』小学館。
　　⇨思考ツールと ICT を活用した授業の実践事例集。全国の現場に導入が進んでいるタブレット端末を使った授業例も紹介している。

（井上雅彦）

第3章 国語科の単元デザインと授業構想

この章で学ぶこと

国語科において，思考力・判断力・表現力を育成するためには，「1時間の授業をどうつくるか」から「単元全体を言語運用の一連の問題解決プロセスにどう構成するか」という教師の意識が大切となる。本章では，国語科授業を児童生徒の主体的な学習とするために，「単元」をどのようにデザインするのか，その方法を学ぶ。なぜ今，国語科授業において「単元」の考え方が重要なのかの意義を理解したうえで，その指導と評価の要諦について考えるものとする。

1 「単元」の今日的意義

現在の子どもが社会に出て活躍する頃には，人間の仕事のおよそ4割は人工知能（AI）が行っているという。膨大なデータから瞬時に必要な情報を峻別できるAIに対して，一定のパターンを適用させて正解を確認する授業ばかりを繰り返していては，将来に必要な力を育てているとは言い難い。言い換えれば，今後は，大量の知識をペーパーテスト上で再生するだけではなく，もっている知識を実際的な場面や複雑な場面で使えるか，ということが重要になる。「一時的に詰め込んで忘れてしまうような知識の習得」から「後から必要に応じて応用できる知識の獲得」が求められることになるのである。新しい大学入試にみられる，知識を活用し自ら課題を解決できる能力を見る試験に改めていこうとする動きは，まさに今後の知識基盤社会に求められる「知識観」「学力観」の転換を表しているものであろう。

このような考え方は，国語科の学びでも同様である。言語そのものを取り扱

う国語科において,「話す」「聞く」「書く」「読む」という言語能力や言語知識が本当に発揮されるのは,実際の具体的な状況,文脈のもとでそれらがよりよい言語運用として駆使され「目的が遂行できるようになる」ことである。「知っている」「わかっている」ことから,言語を駆使して「(それを使って)できるようになる」学びを国語科授業の中で具現化するために,目的的な追究プロセスを一連の学習展開として「単元」デザインし,子どもの主体的な言語運用力の発揮・伸長をめざすことが有用なアプローチとなるだろう。以下,単元デザインの要諦と留意点について論じたい。

2　単元デザインおよび指導と評価の要諦

(1)「input → 思考・判断 → output」のプロセスとして

「思考力・判断力・表現力等」の資質・能力を育成するために,主体的な言語運用のプロセスを,ひとまとまりの課題解決単元として組織することに挑戦したい。それはたとえば,図3-1に示すような「input → 思考・判断 → output」のひとまとまりの学び(=単元)として,次の3つのプロセスでイメージすることができるだろう。

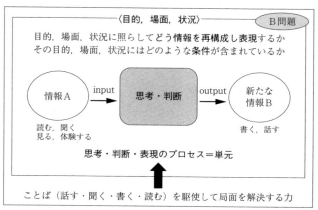

図3-1　〈input → 思考・判断 → output〉のプロセスを単元に

第3章　国語科の単元デザインと授業構想

> ① 目的や条件に応じて情報を input（読む，聞く，見る）する
> ② 目的や条件に照らした情報の吟味・検討（思考・判断）する
> ③ 目的・条件に合ったかたちで情報を output（書く，話す）する

　これら①②③のプロセスを通して，一定の目的，場面，状況のもと，input した情報をどのように関係づけ，再構成する必要があるのかについて，「言語の使い方」を意識させながら子どもに吟味させたい。ここでいう「目的や条件」とは，「何にために」「どのような状況下で」「誰に」「何について」「どのような方法で」などを指す。これらは，input した情報を取捨選択したり再構成したりするための「条件」となって言語活動の文脈に働く。また，授業では，目的・状況・文脈の存在が子ども自身に意識され，「何のために読むのか」「何のために書くのか」という自覚のもとで，適切な言語運用のあり方を仲間と共に検討し合いながら，「どう話せばいいのか」「どう読めばいいのか」「どう書けばもっとよくなるか」など，言語活動の質を仲間とともに高めようとする姿を期待することになる。したがって，学習プロセスでは，目的をよりよく成し遂げるために「必要な場」として，言語の使い方について立ち止まって思考する機会が，教師によって適切に設定されることが不可欠である。

（2）子どもの実際の言語生活・読書生活と連動させる──学びに真正性を

　ペーパーテスト上で「できる」ことは，「本当に」言葉をうまく使えることとは異なる。そこで，単元全体の学びに「真正性」（authenticity）を高めるために，子どもに切実感，必要感，現実感を自覚させることが大切である。

　子どもが「話したい」「聞いてみたい」「書いてみたい」「読む必要がある」と感じて，言語活動に主体的に関わっていく授業を考える手がかりとして，戦後の国語科教師である大村はまが単元学習を通して主張した「実の場」の概念が参考になる。大村（1982）は，国語科学習における「実の場」に関して，「勉強ぎらいな──というよりも，勉強の習慣のない，力のなさ過ぎて勉強の楽しみを知らない──そういう子どもたちには『よく読みなさい，何度も読みな

39

さい』『どういうことが書かれているか，考えなさい』『筆者はどういうことを言おうとしていると思いますか』『筆者はどういう気持ちでこれを書いていると思いますか』，このようなことを言ってはだめである」として，子どもが知らず知らず何度も読んでしまうような「実の場」を，ひとまとまりの単元として構成することを重視した。

「実の場」とは，「読まずにおれない場」「話してみたくなる場」「書く必要がある場」といった必要性・必然性のある場を，教師が単元に意図的に含み込んでデザインし，子どもをそこに立たせるという教師の指導の行為が伴ってこそ，成立するものであるといえる。

単元の学びの「真正性」を高め「実の場」としていくために，子どもの実際の言語生活（言語に関わる生活の側面）や読書生活（書物等と関わる生活の側面）を話題にしてみてはどうだろう。たとえば，学校生活では，特別活動の場面，校内の誰かに何かを伝えたり，説明したり，紹介したりする場と単元の入口・出口を関連させてみる。また，自分（自分たち）の読書の興味のありかや状況を見つめ直すような活動で，子どもの学びと「本当の世界」「実際の文脈」をつなぐことができるのではないか。桑原（1996）は，一教材精読主義から脱却すべきとして，「読解 → 読書活動 → 読書生活」の発想を「読書生活 → 読書活動 → 読解」に転換すべきと主張している。「読書生活」が「読解」を包み込むという考え方である。この考え方に立てば，一作品を丁寧に読む学習にとどまらず，その作品をきっかけにほかの作品も単元に取り込む「多読」の構成が模索できるだろう。たとえば，作者（「椋鳩十の作品の魅力をさぐろう」など），テーマ（「友情をテーマにした物語を読み比べよう」など），ジャンル（「ファンタジーのしかけを探ろう」など），シリーズ（「○○シリーズの作品に共通するメッセージを捉えよう」など）に着目した読みは，子どもが本と出会い，読書生活を見つめ広げていくための契機となる可能性がある。

また，このような学習活動を単元化するにあたっては，教科書に掲載された「教材」だけではなく，新聞，雑誌，広告，パンフレット，本の帯，漫画，写真，映画，メール等，子どもが日常生活を送る中で出合うであろう多様なメ

ディアの情報から，子どもの興味・関心，追究への意欲を喚起するものを「学習材」として単元展開に取り込むことも教室の学びの「真正性」を高めることになるだろう。教師自身が日常生活の中から教材を発掘する眼をもち続けたい。

（3）育てる国語学力を明確に――活動に這い回らない

単元における言語活動が，子どもたちにとって魅力を感じる「実の場」となって位置づいたとしても，それが表面的な「活動」に終始するようでは，国語科の力をつける教育であったとはいえない。したがって，国語科単元においては，図3-2に示すように，学習指導要領の言語活動(2)と指導事項(1)の関係を検討しながら単元をデザインする必要がある。言い換えれば，国語科の単元においては，「習得」と「活用」をそれぞれ別々に行うのではなく，むしろ「『活用』の場の中で『習得』する」という発想が大切になってくるということである。

たとえば，言語活動(2)「説明する」を低学年の実践で行おうとするならば，低学年の指導事項(1)から導かれる内容（たとえば「順序に気をつけて読む（書く）」）が含まれるような「説明」の仕方について考えさせたい。同様に「推薦

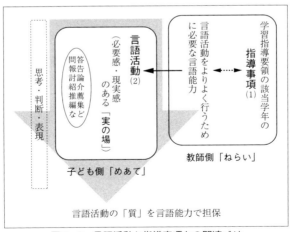

図3-2　言語活動と指導事項との関連づけ

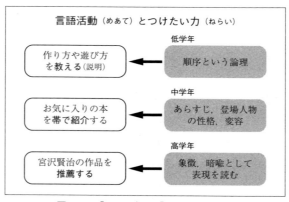

図3-3 「めあて」と「ねらい」の連動

する」「報告する」「解説する」「編集する」などの言語活動においても，それが子ども側に放任されるような上滑りの活動主義に陥らないように，教師が適切に関与することが求められよう（図3-3）。

　また，指導事項(1)が，子どもの主体的な言語活動を実現するための不可欠な視点として，無理なく位置づいているという点が重要である。たとえば，図3-4の事例では，子どもにとって切実な課題は「1年生にも楽しめるおもちゃまつり大会をひらこう」という「めあて」であり，「順序立てて説明する」という教師側の「ねらい」がいきなり子どもの意欲として現れることはないだろう。そこで，「1年生が楽しめるためにはおもちゃの遊び方の順序をわかるように教えてあげないと」「順序がわかるようにするにはどんな言葉が必要なんだろう」という思いがもてるように，教師が，子ども側の「めあて」と教師側の「ねらい」をすり合わせることが大切になるであろう。「順序という論理性を用いて話す」という言葉の力が，子ども側の「めあて」実現のために必要なツールとして子どもの側に取り込まれる契機となるように，教師が意図的に働きかける場面を設定するのである。

　このような一連の展開で大切にすべきことは，子ども自身が，「今，何のために何をしているのか」ということを意識して活動しているということである。

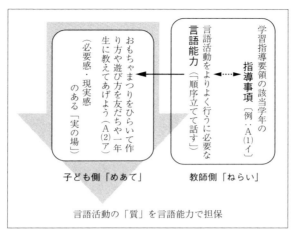

図3-4　言語活動と指導事項との関連づけ

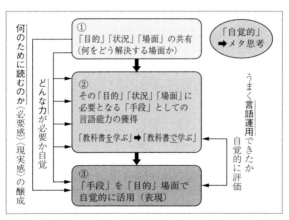

図3-5　単元のプロセスにおける見通しと振返り

第一次では「何のために読むのか（書くのか，話すのか，聞くのか）」「これからどんなことが必要になりそうか」，第二次では「今，学んでいることが目的に生かせそうか」「今学んでいることを活かすためにはどうすればよいか」，第三次では「目的実現に際して，学んできたことをうまく使いこなせたか」「学んできたことを生かせば，さらにこのように修正できる」などの自覚である。こ

れらの振り返りは，いつもその時点から単元全体を見通して行われることが大切である。この点は，まさしく特定の目的や状況に応じて言葉の力を駆使する「言語運用力」を育てていることにほかならない。「運用する」とは，状況や場面，目的，相手に応じて，「話す」「聞く」「書く」「読む」力を適切に使い分け，判断することができるということである。自らが自覚しながら「運用する」場面では，自分自身の状況をモニターし，よりよくコントロールするメタ認知の力が働かなければならない（図3-5）。

　一方，教師側は，今，子どもにつけたい言葉の力は何か，言い換えれば，「今，取り組んでいる言語活動に必要な言語能力は何か」ということを明確に意識して授業に臨まなければならない。したがって，単元を実践するためには，第一に，単元全体を各次が連動する構成にデザインすること，第二に，単元の過程でいつどのような言語活動をさせることが言語能力を育てるために必要になるのかをさらに具体化・明確化しておくこと，第三に，各学習活動場面における子どものメタ認知を促す教師の働きかけや環境づくりを検討することが単元計画段階で求められることになる。

　このように，教師は，言語活動を1時間レベルではなく，子どもの主体的な一連の活動展開となるよう単元全体をイメージすることが重要である。また，つけたい力のみが前提になるのではなく，子どもの主体的な言語活動の展開を豊かに想定しながら，そこで必要となる言語能力や言語知識を取り込んでいく構想力が求められるのである。

（4）追究プロセスの複線化を図る

　「主体的な学び」であるためには，学習活動のすべてが「与えられたもの」ではなく，「自分なら」「自分なりの」「自分ならではの」など，学びの主体者としての固有の「わたし」の存在を意識できるものであることが大切である。同一教材，同一場面，同一発問，同一方法，正解確認型授業一辺倒，「～しなさい」「～してはいけません」などの制限コードで溢れた教室では，「主体的な学び」は喚起されないだろう。

第3章　国語科の単元デザインと授業構想

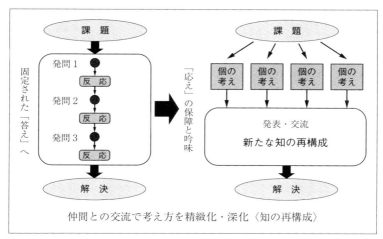

図3-6　単元プロセスの複線化を図る

　図3-6のように，学級の実態に合わせて，単元プロセスのどこか一部分でも学習課題の解決に向けたアプローチの「複線化」に挑戦してみよう。たとえば，課題の個別化，学習材・内容の個別化，追究方法の個別化，表現方法の個別化等によって，自分なりの「選択」と「判断」が存在する展開をデザインするのである。「それぞれが異なる知識を持った他者」の存在を単元に位置づけよう。このような膨らみのある単元は，多様な実態の子どもを包み込むことにもなる。個々の子どもの実態に寄り添う複線型の単元プロセスは，子どもが「わたし」ならではの学びのよさを自覚することに繋がるだろう。

(5) 筋道の通った考え〈論理的思考〉で吟味する話し合いを

　単元のプロセスでは，目的の遂行に向けて必要な言語運用（「話し方」・「聞き方」「書き方」「読み方」や，言語についての知識の活用）のあり方について仲間と協働で吟味することになる。

　若手教員から「国語科の授業は難しいです。答えが決まっていないから」という声をよく聞く。「自由に書いてごらん」「どれも正解」では，十分な思考は保障されないだろう。「どう読めばいいか」「どう書けばもっとよくなるか」な

45

どの吟味の場においては，一定の論理を手がかりによりふさわしい考え方〈最適解〉を構築するための〈論理的思考〉を大切にしたい。

　たとえば，「この作品の登場人物の姿が私たちの読み手の心を打つのはなぜか交流しよう」という学習課題のもとで追究させるとしよう。ここで「自分なりに感動したところを自由に書いてごらん」と問うだけでは十分な「深まり」は得られない。一方，教科内容として教師から単に「主題を読み取りなさい」と問うても，主題を読むために必要な思考は宙に浮いた状況に陥る。自分たちの「心を打つ」ありかを把握するために，作品を主題として読み味わうにはどのような思考が必要だろうか。

　ここでは「既知の事実から，未だ明らかでない事を推し量る」という「推論」の思考，すなわち，文学教材では「作品の中の複数の事実を関係づけて，そこに内在する価値やテーマの存在を考える」という思考の必要性を意識させたい。それは，① 人物の思いや願いを感じる言動を複数抜き出す，② 抜き出した言動を関係づけてそれらに共通する考え方や生き方を考える，などの「条件」を含んだ複数の手順指示や問いとして，教師から子どもに具体的に示されることが大切である。同様に，文学教材における「どのように気持ちが移り変わってきたか」も同様である。「心情の変化」の場合は，「ある部分とある部分とを比べる」という「比較」の思考を伴う。また，「心情の変化の推移」を捉えようとするならば，比較する部分をさらに複数設定させるとよい。さらに，「〇〇に対する心情の変化」を捉えさせようとするならば，一定の視点から比べさせることによって比較が分析的になり，変化の内容がより明確になるだろう。

　このような〈最適解〉を吟味するための論理的思考として，たとえば表3−1に示す8つの思考が焦点化されるだろう。8つの「関係づける思考」は，それ自体を取り出して単独のスキルで習得するものではなく，一連の解決プロセスの中で必要な思考として発揮されることが大切である。「しっかり考えよう」「ちゃんと書こう」のように何を手がかりにどのように考えることなのか，何をどう関係づけてどう書くことなのかを，教師自身が明確にしていないまま子ども側に丸投げするようなことがあってはならない。これらの思考を実践の場

第3章　国語科の単元デザインと授業構想

表3-1　8つの「関係づける思考」と促す名辞

思　考	定義（思考の内容）	促す表現例
比　較	複数の物事を「違いに着目して」「同じ所に着目して」比べて考える力	どちらが～でしょう
類　別	比較に基づく物事の多様な見方の中から，目的に合うものを選び，それを観点にいくつかの事象を他と区別したりまとめたりする力	～から見ると○○と□□は同じ仲間です
分　析	ある物事を分解して，それを成立させている成分，要素，側面を明らかにする力	○○はA，B，Cから成り立っています
理由づけ	「物事の結果を引き起こした原因」「物事の判断をくだした理由」「連鎖や循環をなす因果関係」等の原因や理由を求める力	～と書かれているから，――と思います
推　論	知っていることを基礎にして，知らないことや分からないことについての事実を，筋道を立てて推し測る力	○と□だとすると，――ではないでしょうか
解　釈	ある物事について，そこに内包される意味や価値について説明し直す力	これは○○ということです
具体化・一般化	ある物事を，別の物事においても成立することができるように概念化したり，ある概念に該当する具体的な物事を提示したりする力	これは例えば～です，これらの例から――といえます
評価・批判	対象について一定の評価を与えるために，その対象の価値，能力，正当性，妥当性等について吟味・検討する力	○は□の方がよい。理由は――だからです

に還流させるために，表3-1に示すように論理的思考が促されるような表現を「学習課題」「発問」「設問」「板書の構造」「ワークシートの形式」として反映させ，明示的に指導することが大切である。

（6）「学習の手引き」で学びをいざなう

単元全体を一連の言語活動として展開することによって，子どもが主体的に「話す」「聞く」「書く」「読む」姿が期待される。ただ，教師が何も関与せずに子どもが主体的に言語活動に取り組むことができるわけではない。単元過程においては，子どもが自分の力でできるようになるための足場かけとしてのヒントを，「学習の手引き」として教師から示してやることを大切にしたい。「学習の手引き」には大別して次の3種類がある。

47

- 見通しを示す手引き
- 視点，方法を示す手引き
- モデルを示す手引き

　第一の，「見通しを示す手引き」は，単元全体の追究の道筋を見通して，「今，自分の追究がどの時点にあるのか」「今，取り組んでいる活動は，何に繋がるものなのか」などを子どもが自覚するために有効である。単元開始時から終了までの期間，掲示物や配付プリントで絶えず子どもが立ち返る「学びの羅針盤」として位置づけたい。

　第二の，「視点，方法を示す手引き」は，単元の進行過程において，子どもが自分の考えをつくり出したり，教材文を読み取ったりする際に提示されるものである。この手引きは，教師から全員に対して同一のものを一方的に提示するだけではなく，学習過程で子どもと共に話し合いながらポイントを抽出した内容を含めたり，子どものつまずきの状況や興味・関心，能力差に応じて数種類の異なる手引きを準備して，適宜それらを提供したりすることも考えられよう。子どもが必要に応じて「学習の手引き」を活用し，「学習の手引き」に書かれている情報を取捨選択することを教師が認めることによって，子どもの自律的な学習を促進するのである。

　第三の，「モデルを示す」手引きは，たとえば，司会やグループ活動の具体的な進め方のモデル事例を提示したり，自分の考えを書きまとめる際に，具体的なイメージができるように，教師や友だちの考え方をまとめたものを一つのモデルとして提示したりするものである。子どもたちは，教師から提示される一つのモデル案を基準として模倣・反復しながら，自らの学習内容に適合するように提示されたモデル案を修正していく。方法がわからない子どもにとっては，「学習の手引き」が一つの基準（モデル）となって機能し，その過程を「まねぶ（学ぶ）」ことによって学習活動が充実したと実感できるのである。

　これらの「見通しを示す手引き」「視点，方法を示す手引き」「モデルを示す手引き」は，教師が学習に関わる内容や方法を具体的に提示することによって，子どもに「何をどのようにすればよいのか」が具体的に伝わる。すなわち，

「教師が子どもの手を引いて価値ある学びの方向に導いてやる」行為となる。

　個性重視という言葉に振り回されて教師が子どもの後追いになるのではなく，子どもの学びのつまずきを想定して，先鞭をつけながら先導的に準備しておくことが大切である。

（7）言語活動の「質」を評価する──何を「思考・判断」してきた結果としての「表現」か

　国語科において言語活動の充実を具現化するために，学校教育現場では単元全体を一連の言語活動として，各自で「話す」「聞く」「書く」「読む」力を活用しながら，多様な様式の表現活動にひらく単元が盛んに実践化されるようになってきた。言語活動を評価するためには，「過程の評価」と「結果の評価」が求められる（図3-7）。「過程の評価」は，各時間に評価規準を位置づけて，指導と評価の一体化を図りながら形成的に言語運用の質を「鑑識眼」で捉え，高める働きかけである。

　一方，本の帯，新聞，リーフレット，報告書，推薦文，図鑑，紹介カード，紙芝居等々，各単元で表現様式を具体化した言語活動の成果物に対する「結果の評価」も行われているだろうか。単なる「楽しかった」活動の「作品の陳列」になってはならない。学習の成果物（表現）が子どもの「思考・判断」した結果である点を看過すると，単なる活動主義に陥る。たとえば，国語科の指

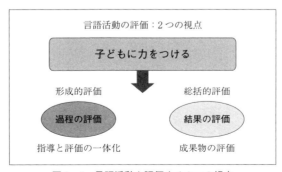

図3-7　言語活動を評価する2つの視点

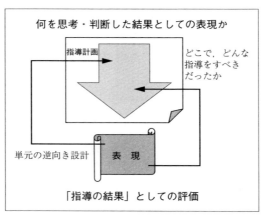

図3-8 思考・判断してきた結果としての表現

導と評価において，①単元に「条件」を埋め込むこと，②成果物（表現）のどこにどのような思考・判断が発揮されるのかを事前に想定し，指導計画内にその指導を確実に保障することが重要である（図3-8）。たとえば，小学校3年生の「お気に入りの本を紹介カードで伝えよう」という単元の場合，①主人公と登場人物の情報，②あらすじ，③おすすめの場面からの引用と説明，④紹介にふさわしい言葉の使用などの条件を内包することが考えられるだろう。「紹介カード」が子どもの側に放任された活動に終始しないために，「本の紹介」にあたってのこれらの条件について，単元のプロセスの1時間1時間の中で思考・判断していくことになる。

では，「条件」さえ埋め込んでおけば，単元末の成果物（表現）は質の高いものになるのかといえば，そうではない。言い換えれば，「あらすじのようなもの」さえ書かれていればすべてよしとするのか，紹介したい部分の「引用が書かれていれば」すべてよしとするのかということである。言語活動では，その「正誤」や「有無」が問われるのではなく，「質」や「程度」が問われるということになる。したがって，どの程度のあらすじが書けているか，引用部分と紹介したいこととをどのように関係づけて説明しているかについての吟味の場が，各時間レベルの学習活動として位置づくことになる。

第3章　国語科の単元デザインと授業構想

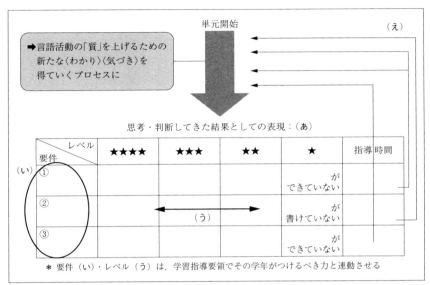

図3-9　〈結果の評価〉と〈過程の評価〉が連動するルーブリックの考え方

　図3-9は，単元のプロセスで，様々な思考・判断をしてきた結果としてどのような表現（あ）を想定するのか，パフォーマンスのレベルを表す評価指標（ルーブリック）作成のモデル図である。縦軸（い）には，パフォーマンスのどこに着目するか，すなわち，パフォーマンスの質が表れる部分（たとえば，「文章」「図」「人物関係図」など），もしくは，質を左右する要件（「構成」「記述」「関係づけ方」など）を焦点化する。単元プロセスにおける本時レベル（え）では，要件の「有無」を確認するのではなく，授業の中で協働でその程度差（う）について話題化し検討することになる。たとえば「★★ある場面での人物の気持ちを想像して書いている」と「★★★複数の場面の気持ちを比べ，その変化について書いている」の差異こそ，子どもの実際の読みを対象に授業で話題化され，読みの深さが生まれる〈新たなわかり〉として共有されるべきである。

　戦後の国語単元学習では，「評価の客観性」を求めるあまり，各地で指導すべき項目を網羅した詳細な「チェック表」が作成されたが，それは実際の単元の指導と連動しているとはいえない状況（評価の「客観性」と「教育性」の乖離）

51

を生み出した。近年，話題となっている「ルーブリック（評価指標）」も，評価の客観性や信頼性を高めるために「遂行の程度」を言語化した指標である。しかし，それを単なる「チェック表」として学びの外側からの教師側に隠された「判定」に使用するのではなく，子どもたちの学びの側に還流し，子ども自身に自覚化され活用されることこそが大切である。つまり，「結果の評価」につながる単元（言語活動）のプロセスで，言語活動の質を高めようとする子どもの試行錯誤に並走しながら，「よりよくできるようになったこと」「よりよくできるために必要なこと」を蓄積・共有し自覚させていくことによって「結果の評価」と「過程の評価（指導）」を連動させるのである。

3 「単元」で育てるということ——内在する教育観

　教師にとって「単元をデザインする」ということは，子ども一人ひとりが主体的に〈学び浸る場〉をつくり出すということである。すなわち単元とは，できる子も，できない子も，どの子も学び浸り，子どものもっている力を出し切ることができる懐をもつ魅力ある学びの場なのである。仲間と共に魅力ある追究の場に立ち，自分なりの言葉を駆使しながら解決を図っていく経験は，生きる言葉の力を育むことになるだろう。「単元」を方法として理解するだけでなく，そこに内在する子どもを育てる哲学を捉えよう。

引用・参考文献
大村はま（1982）『大村はま国語教室　第1巻』筑摩書房。
勝見健史（2017）『ビフォー・アフターで取り組む国語科授業デザイン——「主体的・対話的で深い学び」へのアプローチ』文溪堂。
桑原隆（1996）『言語生活者を育てる——言語生活論＆ホール・ランゲージの地平』東洋館出版社，57頁。

第3章　国語科の単元デザインと授業構想

■ 学習の課題 ■

(1)　単元としてデザインすることの子どもにとっての良さを，本章の言葉を用いて
　　説明しよう。
(2)　本章であげられている7つのポイントを手がかりに，一つの教材文を「単元」
　　としてデザインしてみよう。
(3)　単元全体を見通す「学習の手引き」を作成してみよう。

【さらに学びたい人のための図書】

濱本純逸（1997）『国語科新単元学習論』明治図書。
　　　⇨戦後初期の国語単元学習が「単元学習で力がつくのか」と批判されたことを克
　　　服する1990年代の国語科単元学習の理論と方法を著した基本文献。
勝見健史（2017）『ビフォー・アフターで取り組む国語科授業デザイン──「主体的・
　　　対話的で深い学び」へのアプローチ』文溪堂。
　　　⇨2017年3月告示の学習指導要領がめざす国語科授業のあり方が，「単元」に着
　　　目して述べられている。今取り組んでいる授業をどう変えていくかという視点
　　　から，具体的実践事例を通して解説されている。

（勝見健史）

第4章 国語科学習指導案

この章で学ぶこと

この章では，「国語科学習指導案」の書き方について学ぶ。学習指導案を作成する力は，教育実習はもちろん，教員となってからも研究授業など多くの場面で求められることになる，授業者として必要不可欠な力であるといえる。ここではまず，学習指導案を作成する目的について確認し，その後にどのように指導案を作成していくのかについてみていく。学習指導案を構成するそれぞれの項目の意味や書き方，そしてそれぞれの項目のつながりについて理解を深め，最終的には，実際に自分の力で国語科学習指導案を作成することができるようになることを目指す。

1 学習指導案を書く目的

学習指導案とは，自分が授業者としてこれから展開しようとしている授業について，具体的に計画・実践していくための構想図である。そこには学習者の実態，目標や方法，評価の観点など，学習指導を構想し実践していくうえで重要な要素について，それぞれの関連も含めて記述していくこととなる。充実した学習指導案の作成は，豊かで有意義な授業を実現していくために非常に重要な作業であるといえる。この学習指導案を作成する力は，教育実習や研究授業など様々な場面で求められるものであり，授業者として必ず身につけておかなければならない力の1つである。また，学習指導案を書く方法を身につけることは授業を構想する手続きを身につけることでもある。

ではまず「なぜ学習指導案を作成するのか」ということを確認する。学習指導案を作成する意義は大きく3つあるといえる。

（1）授業者自身が授業についての理解を深めるため

　まず1点目に，学習指導案を作成することで，その授業（単元）について，授業者自身が理解を深め，授業の全体像をより具体的にイメージすることができるということである。水戸部（2009）は国語科における指導案作成の意義に関して次のように述べている。

> 　国語科においては本単元・本時で，どのような力を付けるべきなのかが不明瞭になりがちである。一つの教材を用いてどう授業として展開していくかは，どのような国語の力の育成を狙うのかに応じて多様に変化する。学習指導案を作成する中で様々な要素を手がかりに付けたい力を吟味し，学習指導を具体化していくのである。

　この指摘のように，国語科は他の教科（たとえば算数科や社会科など）と比べて，学習内容が曖昧になりやすいという特徴がある。また，同じ教材（活動）を扱う授業であっても授業者がどのような意図をもって展開するかにより，授業の様相は多様なものになるという特徴もある。このような特徴を踏まえると，授業者がその授業の目的や方法について自覚的であるかどうかという点が，授業の質に大きく影響しやすい教科であるといえるだろう。授業者が「この授業（単元）ではどのような言語能力を育てるのか，そのためにどのような学習活動を，どのような順番で展開していくのか」という全体像を明確にイメージできないまま進められていく授業は，子どもにとって「結局何のために何を学んだのかがわからない」「この授業でどのように成長したのかが自覚できない」ものとなってしまう。そのようなことにならないためにも，学習指導案を詳細に作成する中で，授業者自身が授業について理解を深めることが大切である。そして一つひとつの活動の意味について自覚的に授業を展開することができるように準備しておかなければならない。

（2）より効果的な授業を行うため

　2点目に，適切な学習指導案を作成する過程の中で，これから行おうとする授業をより客観的，分析的に検討することである。

「よい授業」とはどのようなものか。学習者たちにとって楽しい活動を多く取り入れた授業であろうか。あるいは学習者同士が交流するような場面が多く設定される授業であろうか。もちろんそれらも授業の質に関わる要素の一つではあるが，イコール「よい授業」であるとはいえない。極めて当たり前のことであるが「よい授業とは，その教室にいるすべての学習者が，その授業（単元）で身につけるべき力を確実に身につけることができるもの」であり，授業者は常にこのような「よい授業」を行うことを目指すべきである。

私たちは教材や活動から授業を構想し始める際に，なんとなく「こんな授業がいいのではないか」という漠然としたイメージからスタートすることが多い。そのイメージをもとに「よい授業」を考えていく過程こそ，学習指導案の作成なのである。「学習者の実態」「学習指導要領の内容」「教材（活動）の特徴」「年間の計画」など様々な視点から分析・検討し，その整合性を整えていく中で「今，この学習者たちに，この授業（単元）で身につけさせなければならない言語能力とは何か」「そのために最も効果的な学習とはどのようなものなのか」が見えてくるのである。つまり学習指導案の作成は，授業者の「やりたい授業」を「よい授業」「やるべき授業」へと進化させていくための作業でもある。

（3）振返りや参観の資料とするため

3点目に，学習指導案は事後にその授業を振り返るのための貴重な資料となる。この点について，府川（2009）は次のように述べる。

いうまでもなく，事前に詳細に予定した教師のもくろみと，現実の授業の展開と食い違う場合もある。というより，実際の学習者の反応は，必ずしも教師の計画通りにならない方が多いかもしれない。だからこそ細案を立てておく必要があるともいえる。どこが事前の想定と異なったのか，それはなぜなのかを考えるためには，周到な計画とそれを記述した指導案がなければ，自分の授業を振り返って検討することはできない。その意味で，学習指導案は，授業後にその検討をするための重要な資料にもなる。

第4章　国語科学習指導案

　計画どおりに進んだにしろ，進まなかったにしろ，授業をやりっぱなしで終わるのではなく「計画・実践・振り返り・改善」という，いわゆる「PDCAサイクル」をしっかりと循環させていくことが重要である。それは授業者としての授業力を向上させるためでもあり，授業者の責任として，参加した子どもをフォローするためでもある。学習指導案はそのための重要な資料となるだろう。さらに，授業研究などの場合では，授業者がどのようなねらいと計画をもって授業を実践したのかを参観者と共有することが必要であり，そのための手がかりとしても学習指導案は有効である。それによって参観者は視点を明確にして参観・協議に参加することができるのである。

　　　2 　学習指導案の内容

　学習指導案にはそれぞれの自治体や学校などによって様々な形式があるが，基本的には「指導者名」「対象（学年・クラス）」「日時」「単元名」「学習者（児童）観」「教材観」「指導観」「単元の目標」「単元の評価規準」「単元の指導計画」「本時の目標と展開」などの項目が含まれることが多い。一般的なものとしては，次頁の表4-1のような形式がある。以下でそれぞれの項目についてみていく。

（1）指導者・対象
　その授業を行う実施概要として，学校名，指導者（授業者）の名前，対象とする学年や学級，児童数などを示す。教育実習や研究授業の場合は学校名を省略するなど，指導案作成の目的や公開する範囲によって記載する項目を判断する必要がある。

（2）日時・場所
　続いて，実施する日時や場所などを示す。

表4-1 国語科学習指導案の書式例

国語科学習指導案

指導者 ○○○○

1. 対象 第○学年○組 ○○名

2. 日時 ○年○月○日 第○校時 (○ : ○〜○ : ○) ○○教室

3. 単元名

4. 単元について

(1) 児童観

(2) 教材観

(3) 指導観

5. 単元の目標

6. 単元の評価規準

主体的に学習に取り組む態度	思考・判断・表現 (話す聞く能力・書く能力・読む能力)	知識・技能

7. 単元の指導計画 (全○時間)

次	時	学習活動	指導上の留意点	評価規準 (評価方法)

8. 本時の指導

(1) 本時の目標

(2) 本時の展開

時間	主な学習活動	指導上の留意点
	めあて (学習課題)	

58

第4章 国語科学習指導案

（3）単元名（教材名）

単元とは「学習者の興味・関心・必要性に応じた価値ある話題について組織されたひとまとまりの学びの活動」（松崎, 2015）を指す。従って「単元名」と，その中で扱う「教材名」とは区別されるべきものである。単元名はその単元における活動目標や言語活動の内容をよく表し，学習者にとって魅力的に感じられるものが望ましい。

【単元名と教材名の例】

- 音読で古典の世界を味わおう…『竹取物語』『源氏物語』『徒然草』
- 宮沢賢治の作品の魅力を伝えよう…『注文の多い料理店』

（4）単元について

この項目では，「なぜこの授業（単元）を行うのか」「どのようなことを目標とし，そのためにどのように学習を進めるのか」といった単元全体の概要を示す。その際には (1) 児童観, (2) 教材観, (3) 指導観などの下位項目に分けて述べられるのが一般的である。

⑴ 児童観

児童観では，対象となる学習者の実態について述べる。その際には「本クラスは明るく人懐っこい児童が多く…」といった抽象的な雰囲気ではなく，本単元の目標や内容に関連する学力や実態を中心に述べていく。たとえば本単元の内容につながるものとしてこれまでどのような学習を行い，そこでどのような言語能力を身につけてきたのか。逆にどのような言語能力を身につけることが課題として残されているのかなどについて記述する。事前のアンケートやプレテストなどの客観的な数値を示しながら記述することもある。

また，単元を構想していくうえで配慮されるべき学習者の実態（たとえば，特別な支援が必要な学習者の学習の状況）などについても本項目で確認するべきである。ただし，学習指導案は外部に公開されることもあるため，個々の学習者についてどこまでの情報を明示するのかについては配慮が必要である。

59

(2) 教材観

　しっかりとした教材研究を踏まえて，その単元で扱う教材（活動）の特徴や特性，その教材で学ぶことの意義，予想される学習者の反応や受け止め方などについて記述する。まずは教材となる作品や活動について，自分で熟考したり熟読したりすることが大切であるが，やはり最初のうちはその教材の解説や先行研究を手がかりに理解を深めていくことも併せて必要であろう。また，教科書にある教材を扱う場合には，その教材がそこに取り上げられている意図を，前後の教材や指導要領の内容（指導事項や言語活動例）から考えていくというアプローチも，教材の位置づけを理解するうえで有効である。授業者自身が，その教材の特徴や価値を明確に理解することができていなければ，自信をもって授業を展開することはできないだろう。

(3) 指導観

　先の児童観で述べたような学習者に対して，教材観で述べたような教材を用いて学習を進めていくうえで，どのような指導方法の工夫や留意が必要かについて述べていく。たとえば，教材の取り扱い方の工夫，学習形態の工夫，取り入れる言語活動の工夫，評価方法の工夫などについて述べる。この授業の特徴がよく伝わるように表現することが必要である。

（5）単元の目標

　この項目では，「単元について」で述べた内容や，学習指導要領の内容を踏まえ，この単元ではどのような言語能力をどのような学習活動を通して身につけるのかという，単元全体の目標を短く簡潔に示す。学習者の立場で記述するため，文末の表現は「～する」や「～できる」を用いる。

　単元の目標を，国語科の観点別に設定する場合もある。

（6）単元の評価規準

　「単元の評価規準」とは，単元の目標に基づいて，児童が具体的にどのような学習状況にあれば「おおむね満足できる状況」にあると判断するのか（単元

の目標が達成されたと判断するのか）の規準のことである。規準となる具体的な児童の姿を評価の観点ごとに記述していく。

新学習指導要領に示される評価の観点について，冨山哲也（2017）は次のように説明している。

今回の改定では各教科の学習評価の観点を，三つの柱に即して「知識・技能」「思考・判断・表現」「主体的に学習に取り組む態度」の３観点に整理することが提言されており，国語科の評価もこれに準ずることとなる。現在の５観点（「国語への関心・意欲・態度」「話す聞く能力」「書く能力」「読む能力」「言語についての知識・理解・技能」）からの変更が求められるものであり，移行期からの研究的な取組みが期待される。

新学習指導要領に基づいた評価規準の考え方については，冨山の言うように「主体的に学習に取り組む態度（学びに向かう力，人間性等）」「思考・判断・表現」「知識・技能」の三観点から設定するというものが一般的な理解として共有されつつある。

それぞれの観点の内容については，その単元のねらいに基づいて設定することとなるが，基本的な考え方として，主体的に学びに向かう力を見取る「主体的に学習に取り組む態度」はいずれの単元でも設定する。

また新学習指導要領 解説の中で「知識及び技能」については，「〔思考力，判断力，表現力等〕に示す事項の指導を通して指導することを基本とし，必要に応じて，特定の事項だけを取り上げて指導したり，それらをまとめて指導したりするなど，指導の効果を高めるよう工夫すること」とその扱いが示されていることから，こちらもいずれの単元であっても設定することが必要である。

「思考・判断・表現」では，「話すこと・聞くこと」「書くこと」「読むこと」の３領域の指導事項を踏まえて，指導計画の見通しの中でその単元でとくに焦点化して育成を目指すものを選択的に記述する。つまり「知識及び技能」の事項だけを取り上げて指導する単元（たとえば文字指導や書写，読書に関する事項のみを取り上げる単元の場合など）では設定されないこともあるし，「読み深めた作

品を推薦するリーフレットを作成する」といった複数の領域を総合的に扱うような単元の場合には，複数の領域（「読むこと」と「書くこと」など）の指導目標を踏まえ，それぞれの評価規準を記述することになる。しかし，その単元のねらいをはっきりさせ，評価の精度を高めるためにも，評価規準としてあまりに多くの内容が示されることは好ましくない。

　評価規準は，学習者を「できた子」と「できなかった子」に区別することを目的として設定するのではない。授業者自身が，その教室にいるすべての学習者がその授業（単元）で身につけるべき力を確実に身につけることができたのかどうかを見取るための手がかりとされるべきものであり，必要に応じて授業の改善や学習者のフォローのために生かされるべきものである。

（7）単元の指導計画

　単元全体の流れや各時間の内容を記述する。単元の目標を意識し，そのためにどのように学習活動を進めていくのかがよくわかるように記述する必要がある。学習活動のまとまり（次）ごとに記述する場合や，1時間ごとに詳細に記述する場合がある。

【次・時】

　それぞれの45分間の授業のことを「時間」と呼ぶ〔「単位時間」「時（とき）」などと呼ばれることもある〕。そして単元の中で，学習活動の内容に基づいた数時間の授業のまとまりのことを「次（じ・つぎ）」と呼ぶ。たとえば，単元全体の導入部分にあたる数時間を「第一次」としてその単元全体の見通しをもつような内容に，単元の中心的な学習活動にあたる数時間を「第二次」，第二次の学習を踏まえて発展的な活動を行う数時間を「第三次」として設定するなどのパターンなどが考えられる。

【学習活動】

　それぞれの部分で行われる学習活動のうち代表的なものを簡潔に記述する。それぞれの部分での学習活動や単元全体の流れがよくわかるよう，段階的に記述することが重要である。学習者の立場で記述をするため，文末表現は「〜す

第4章　国語科学習指導案

る」などとなる。

【指導上の留意点】

　授業者がどのような意図をもって指導を行うのか，その学習活動のねらいを達成するためにどのようなことに留意し，どのような働きかけや支援を行っていくのかについて記述する。授業者の立場から記述をするため「（授業者が）〜する」「（学習者に）〜させる」などの表現を用いる。授業者が行うすべての指導内容を記述するわけではなく，先の「学習活動」と同様に，とくに中心的な内容に絞って記述を行う。

【評価規準（評価方法）】

　この項目では，先に示した「単元の評価規準」を踏まえ，さらにそれぞれの時間ごとに具体化した内容を記述する。学習者がどのような状態であれば，その学習活動の目標を達成できたと判断するのか，その規準となる姿やその把握の方法について記述する。

（8）本時の指導計画

　研究授業などで実践する1時間の授業の目標と指導計画について記述する。この1時間のことをとくに「本時」と表現する。

(1) 本時の目標

　本時の授業の目標を記述する。単元全体の目標を達成するために本時ではどのようなことができるようになることを目指すのかを具体的かつ簡潔に述べる。学習者の立場で記述するため，文末の表現は「〜する」や「〜できる」を用いる。

(2) 本時の展開

　45分の授業の流れを「主な学習活動」（学習者がすること）と「指導上の留意点」（授業者がすることや気をつけること）の両面から記述していく。

　「学習活動」については，授業の中で実際に学習者が行う活動がより具体的にイメージできるような表現をしていくことが大切である。たとえば「司会の役割について考える」よりも，「ペアでの話し合いの内容を踏まえ，司会の役

63

割について自分なりにノートにまとめる」としたほうが，その学習場面をより具体的にイメージすることができる。これは「指導上の留意点」にも当てはまる。こちらは授業者の動きを記述する部分であり，より具体的なイメージをもって授業に臨むためにも，学習者のその場面での反応を予想しながら，細やかな計画を立てておく必要がある。これらに「評価規準」を含めて，本時の展開を三つの観点から記述することもある。

3 国語科学習指導案の実際

ここまでの内容を踏まえて作成した国語科学習指導案は，本書の66〜70頁のようなものになる。本学習指導案は，文部科学省『言語活動の充実に関する指導事例集——思考力，判断力，表現力等の育成に向けて（小学校版）』に所収された，「国語－5（第2学年）大好きな場面を繰り返し読みながら物語を演じる事例」を基盤とし，それに加筆，改稿する形で作成したものである。児童観などについてはすべて架空のものとなっている。

66頁の指導案の例などを手がかりに，自分自身で何度も学習指導案を作成してみるとよいだろう。ただし，先にも述べたように学習指導案の書き方には多様なものがあるので，その自治体や学校の推薦する書式や内容を確認することが必要である。

授業は授業者のために行われるのではない。どうすれば学習者にとって「よい授業」になるかということを考えながら学習指導案は作成されなければならない。

引用・参考文献

冨山哲也（2017）「国語科の学習指導要領改訂の方向性」国語教育編集部編『平成29年度版学習指導要領改訂のポイント　小学校・中学校国語』明治図書，8頁。

府川源一郎（2009）「学習指導案の作成と検討」全国大学国語教育学会編『国語科教育実践・研究必携』学芸図書，192頁。

松崎正治（2015）「単元学習」高木まさき他編『国語科重要用語事典』明治図書，30頁。

水戸部修治（2009）「学習指導案の作成と意義」全国大学国語教育学科編『新たな時代を拓く小学校国語教育研究』学芸図書，38頁。

文部科学省（2011）『言語活動の充実に関する指導事例集——思考力，判断力，表現力等の育成に向けて（小学校版）』教育出版，27〜28頁。

学習の課題

(1)　学習指導案は実際に書いてみることで，それぞれの項目のつながりが見え，指導案を書くことの意味が感じられる。具体的な教材（活動）を取り上げて，自分で学習指導案を作成してみよう。

(2)　図書でもインターネット上でも，多くの学習指導案の閲覧が可能である。優れた学習指導案を読む，分析することも効果的な学習になる。挑戦してみよう。

【さらに学びたい人のための図書】

文部科学省国立教育政策研究所（2011）『評価規準の作成，評価方法等の工夫改善のための参考資料（小学校　国語）』。

⇨初学者にとってとくにイメージしにくい「評価規準」の考え方や記述の仕方に関して丁寧に解説されている。2008（平成20）年度版の学習指導要領がベースになっているが，新学習指導要領においても十分に参考になる。

佐藤明宏（2012）『国語科授業研究のすべて——教材研究・指導案・授業実践』東洋館出版社。

⇨指導案の書き方を含めて，教材分析や教材開発の観点，その実践のポイントなど，国語科授業の構想から実践，振返りまでが丁寧に解説されている。実際の指導案や具体的な場面などを取り上げて説明がなされており，非常に理解しやすい内容となっている。

（青砥弘幸）

国語科学習指導案

指導者　〇〇〇〇

1. 対象　第2学年1組　30名
2. 日時・場所　2018年6月20日（水）　第2校時（9：35〜10：20）　2年1組教室
3. 単元名　お話の大好きな場面をペープサートで演じよう
　　　　　『スイミー』（レオ・レオニ）
4. 単元について

（1）児童観

　本学級の児童は，これまで文学的な文章に関わる「読むこと」の学習として4月に『ふきのとう』を教材とした学習を行ってきた。そこでは登場人物の行動や会話に注目し，音読や動作化などの活動を取り入れながら場面の様子を豊かに想像し，物語を楽しむことができるように指導を進めた。その結果，登場人物の行動や会話を手がかりに，物語全体の大体の内容を理解したり，それぞれの場面についてのイメージをもったりする力はおおむね身についていると感じる。しかし一方で，自分のもったイメージを言葉にして伝えたり，そのイメージを踏まえて音読の仕方を工夫したりするなど，自分の表現に生かしていくことにはまだ課題をもつ児童が多い。物語を読み，楽しむ力の可能性を広げていくためにも，これらについての学習がさらに必要であると考える。また本学級には日本語を母語としない児童が2名在籍する。とくに日本語の文章を読むという言語活動に困難を抱えるため，授業の際には適切な支援を行っていく必要がある。

（2）教材観

　本単元の中心教材である『スイミー』は，仲間を失った悲しみにくれるスイミーが，様々な海の生き物や新しい仲間との出会いをとおして再び力強く生きる力を取り戻していく物語である。とくに視点人物であるスイミーの心情の変化については，簡潔に記述された行動や会話を手がかりにすることで，豊かに想像することができる。また，悲しみから喜びへというその変化の内容も児童に共感しやすいと考える。さらに，比喩表現の用いられた海の生き物の描写など，それぞれの場面の情景も生き生きと描かれており，各場面の様子や雰囲気をイメージする楽しさを味わうことができる作品でもある。

第4章　国語科学習指導案

(3)　指導観

　本単元では，物語の大まかなあらすじを確実に読み取ったうえで，それぞれの場面の様子や登場人物の行動やセリフについて自分なりのイメージをふくらませ，それを自分の表現へと生かしていくことができるような力を育てていきたい。そのために「ペープサート」という言語活動を軸としながら学習を進めていく。第二次では『スイミー』という作品を用いて，①あらすじを理解する，②場面の様子，登場人物の行動や会話についてのイメージを膨らませる，③自分なりの表現に生かすという一連の活動を段階的に学級全体で進めていく。その際には「ペープサート」をするという活動目標を意識させ，必然的に場面の様子や，行動や会話に注目しながら学びを進めていくことができるようにする。さらに，自分のもったイメージを自分なりに表現に生かしていくことができるように，まずはそのイメージをきちんと言語化，意識化させたうえで，それをもとに音読の方法を試行錯誤するような学習場面を設定したい。

　第三次では，本単元での学びをより実践的なものとするため，自分自身で選んだ作品を「ペープサート」として表現するという活動を取り入れている。児童は，この「自分だけのペープサート」を活動目標として単元全体の学習を進めていくこととなる。この第三次の活動は，本学級の児童にとってはやや難易度が高く，挑戦的なものであると考えるが，「友だちに楽しんでもらうためにいいものをつくりたい」という動機づけを丁寧に行い意欲的に取り組むことができるように支援していく。作品を味わうことや作品を表現することの楽しさや面白さを実感できるような単元にしていきたい。

　日本語に関する支援が必要な児童についてはほかの児童と同じ活動を行うことができるように，その母語で書かれた『スイミー』も補助資料として準備し，日本語のものと併せてみることができるようにする。また比較的優しい日本語で書かれた物語をいくつか紹介し，補助教員のサポートのもとで，第三次の活動にも参加できるように支援していく。

5.　単元の目標

　物語の大好きな場面を選びながら，登場人物の行動を中心に想像して読み，場面の様子をペープサート劇で演じて楽しむことができる。

67

6. 単元の評価規準

主体的に学習に取り組む態度	思考・判断・表現	知識・技能
物語の読み聞かせを聞いて，好きな場面を見つけたり，お話の楽しさをペープサート劇で演じて楽しんだりしようとしている	ペープサート劇で物語の好きな場面を表すという目的をもって，登場人物の行動に気をつけて読み，場面の様子を想像している（C読イ，エ）	好きな場面についての自分のイメージに基づき，発声や発音を工夫しながらセリフを声に出して読んでいる〔(1)イ〕

7. 単元の指導計画（全9時間）

次（時）	学習活動	指導上の留意点	評価規準（評価方法）
第一次（1時間）	●学習の見通しをもつ 1. レオ・レオニの作品の読み聞かせを聞き，感想を話し合う 2. 教師のペープサート劇を見て，「お話のお気に入りの場面をペープサートで紹介しよう」という学習課題を設定する	・わくわくする場面，心に残る人物の行動などについて述べ合えるようにする ・読み聞かせで児童の感想が集まった場面を実際に演じてみせ，言語活動の見通しをもてるようにする	・自分の気に入った場面を中心に感想をもち，これからの活動に意欲的に取り組もうとしている（主）
第二次（4時間）	●「スイミー」を読み，好きな場面を演じる 1. 「スイミー」のストーリー展開などをおさえながら通読する 2. 好きな場面を探しながら通読を繰り返して，好きな場面を紹介し合う 3. 好きな場面を選んだ理由について，登場人物の行動や会話に着目して考える（本時） 4. 好きな場面を，登場人物の行動と会話を基にペープサートで演じる これらの活動と並行して，自分の好きな物語を読みすすめる	・登場人物，出来事の順序などを確認することで，場面の移り変わりや大まかなあらすじが理解できるようにする ・展開全体の中で場面の様子がつかめるように通読を繰り返し，その中から自分の好きな場面を見つけられるようにする ・とくに登場人物の行動や会話を意識させ，これまでの自分の経験	・登場人物や場面の移り変わりを理解し，お話の内容の大体をとらえることができている〔思・判・表（読）〕 ・登場人物の行動や会話を基に，場面についての想像を膨らませ，それをペープサートの中で自分の表現に生かすことができている〔思・判・表（読）〕

第 4 章　国語科学習指導案

		や読書体験と結びつけることでその場面の好きな理由を見つけたりその場面を演じたりできるようにさせる	
第三次（4時間）	●自分の好きな物語のお気に入りの場面を演じて紹介する 1. 劇にする物語を選び，お気に入りの場面を読みながら，その様子に気をつけてペープサート劇の背景の絵を描く 2. ペープサートの動きとセリフの大体を考えて演じていく 3. 選んだお話のあらすじを，登場人物，場面設定，事件，結末をおさえてまとめる 4. グループに分かれてペープサート発表会を行い，感想を発表し合う	●ここまでの学習を振り返り，並行して読んできた物語から，自分の好きな作品を選び，登場人物の会話や行動からお気に入りの場面を決めるとともに，その理由を考えられるようにする ●好きな場面を中心に，選んだ物語を繰り返し読みながら，ペープサートの動きや会話を考えさせる ●ペープサート劇を見て感じたことについて，人物の行動やセリフの面白さを中心に紹介させる	●ここまでの学びを生かして，選んだお話の自分の好きな場面の演じ方を工夫しようとしている（主） ●自分のイメージに基づき，セリフの読み方についてその発音や発声を工夫することができている〔知・技(1)イ〕

69

8. 本時の指導

(1) 本時の目標

好きな場面を選んだ理由を，登場人物の行動やセリフに注目して説明することができる。

(2) 本時の展開

時間	主な学習活動	指導上の留意点
導入（5分）	・単元全体の内容を想起し，本時のめあてを確認する	・自分の選んだ物語をペープサートで演じるために学習を進めていることを意識させ，児童が本時の活動の意味を理解できるようにする
展開（35分）	自分がなぜその場めんをえらんだのかをせつ明できるようになろう	
	・全体を一度音読し，あらすじを思い出すとともに，前時に自分の選んだ「お気に入りの場面」を確認する	・何のために音読をするのか（目的）をはっきりと伝え，ただ読むだけにならないようにさせる
	・友だちに自分の選んだ場面とその理由を伝えるために，ノートに自分の考えをまとめる	・どのようなことを話せば，自分がその場面を選んだわけがより伝わるかを全体で考え，その中で以下のような点を確認して書かせる
		○「私のえらんだ場面は…です。そのわけは…だからです」のかたちで書き始めること
		○登場人物の行動やセリフを取り上げながら，それについて自分の思ったこと感じたことを含めること
	・隣同士で交流をする	・ペアで交流し，2つの条件を満たしているかを互いに確認させる。もし，満たしていない場合は一緒に改善するようにさせる
	・全体で交流をする	・違う場面を取り上げている児童何人かに発表させて全体で共有する。その際には「では○○さんならこのセリフはどういう風に読みたい？」などと，次時の活動へのつながりを意識させる
まとめ（5分）	・本時の中で自分ができたこと，できるようになったことを振り返り，それが次時にどのようにつながるのかを理解する	・本時の学習の意味が子どもに実感できるように，内容をまとめる

70

第5章 「話すこと・聞くこと」の学習指導

この章で学ぶこと

国語科の学習指導要領における三つの領域のうち，最初にあるのが「話すこと・聞くこと」領域である。最初に置かれていることからも，国語科教育の基礎的な領域であるといえよう。国語科教育においては，どうしても「書くこと」「読むこと」に重点が置かれる。これはしかたがない面がある。私たちは何千年にもわたって，中国や朝鮮半島から文字をとおして文化を受け入れてきたからである。まずは，この「話すこと・聞くこと」領域について基礎的な理論と実際的な学習指導について学ぶことが重要となろう。

1 「話すこと・聞くこと」の学習指導の基礎

(1) 小学校入門期における第1教材の「絵だけの頁」

次頁の図5-1に示した1年生第1教材の「絵だけの頁」をあなたならどのように指導するであろうか。

どの教科書の1年生第1教材においても，このような「絵だけの頁」がある。「わあ，楽しそうだね。次の頁に行きましょう」というような扱いでは，教師として失格である。

第1学年の入学直後の時期は「入門期」と呼ばれている。入門期において扱われる国語科教科書第1教材は，実は「話すこと・聞くこと」領域の教材である。

第1学年を担当したとき，教師は知らず知らずのうちに，「早く『あいうえお（五十音）』を覚えさせたい」と思ってしまう。つい，このような「絵だけの頁」をとばしてしまい，やがて出てくる「つながる　つながる」の文字を重視して，「つ」を10回書きましょうと文字中心の指導を行ってしまう。

71

図5-1　1年生第1教材の絵だけの頁

　図5-2は，入学直後の1年生が書いた「あ」である。家庭，幼稚園，保育園などにおいてある程度は習っている子どももいるであろうが，まだたどたどしく，速く書くこともできない。入学直後の児童は，「書くこと」の面からみると言葉の力は低い。しかし「話すこと・聞くこと」の面からみるとかなりの言葉の力をもっている。子どもがすでに豊かにもっている話し言葉の力を活用して，書き言葉の力を身につけさせることが重要である。

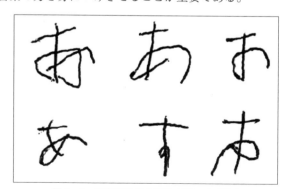

図5-2　入学直後の1年生が書いた「あ」

第5章 「話すこと・聞くこと」の学習指導

したがって，国語科教科書第1教材の「絵だけの頁」は，子どもから「話し言葉」を引き出す学習活動を中心に展開する必要がある。絵を見ただけで子どもは個々に言葉を発するに違いない。「子どもがたくさんいる！」「先生も」「走ってる」「ちょうちょう」などたくさんの話し言葉が出てくる。教師はそれを導き出して，子どもたちがどのくらいの語句を知っているかを確認したい。

子どもから「話し言葉」を引き出す，これが「話すこと・聞くこと」領域の学習指導の基本である。

2 話し言葉の位置づけ

（1）児童心理・言語発達研究からのアプローチ

私たちは言語生活の大部分を話す・聞く活動によって営んでいるといえよう。話す・聞くの活動にとり囲まれているために，かえってその面の教育の重要性を見失いがちではないだろうか。したがって，「話すこと・聞くこと」領域の学習指導のあり方を考えるときには，まず話し言葉が言語の中で占める位置とその重要性を明らかにすることから始めなければならない。

1980年代の心理学的立場からの研究であるが，今でも，国語教育に対して大きな影響力をもっている研究を取り上げる。それは，児童の発達段階を考慮した言語指導の必要性を訴えた岡本夏木の提言である。その提言は，話し言葉の指導を考えるうえで大きな示唆を与えるものであり続けている。

（2）岡本夏木の〈一次的ことば〉と〈二次的ことば〉

岡本（1985）は，「子どもはその発達の途上，二つのことばの獲得を迫られる」と考え，就学前後の児童の言語を，〈一次的ことば〉期と〈二次的ことば〉期との二つに分けて捉えている。

岡本の言う〈一次的ことば〉は，「乳児期ということばの胎生期を経て生まれ出，幼児期から小学校の低学年頃までにかけて，生活の中で現実経験とよりそいながら使用されてゆくことば」である。一方，〈二次的ことば〉は「日常の具

73

表 5-1 〈一次的ことば〉と〈二次的ことば〉の違い

コミュニケーションの形態	一次的ことば	二次的ことば
状　況	具体的現実場面	現実を離れた場面
成立の文脈	ことばプラス状況文脈	ことばの文脈
対　象	少数の親しい特定者	不特定の一般者
展　開	会話式の相互交渉	一方向的自己設計
媒　体	話しことば	話しことば・書きことば

出典：岡本（1985）52頁。

体的な現実生活場面だけでなく，そこに新たな学校生活場面，特に授業という組織化された意図的教育にさらされる場面」での言葉である。つまり，彼の言う「二つの言語」とは，簡単にまとめると，「一次的ことば＝就学前の日常生活でのことば」と「二次的ことば＝学校でのことば」である。表5-1に掲げた5つの点で大きな違いをもつ「二つの言語」を，明確に区別することの必要性を説いている。

　彼の言う児童の「二つの言語」を，話し言葉と書き言葉との関係から整理すると次頁の図5-3のようになる。このように，〈一次的ことばとしての話しことば〉と〈二次的ことばとしての話しことば〉という，二つの話し言葉を想定したところが，岡本の理論の最大の特徴である。そして，「二次的ことばの要請ということは，おとなが考えているよりもはるかに多くの，しかも重い問題を子どもにおしつけてゆくことになるのである」と，〈二次的ことば〉の学習が児童にとって非常に負担の大きいものであることを指摘している。

　さらに〈二次的ことば〉の指導においては，書き言葉にかたよった指導がなされていることを指摘し，そのような書き言葉へのかたよりが生じる原因の一つとして，これまでの国語教育においては，図5-4のような枠組みによって，児童の言語の発達を捉えていたためであると論じている。そして，「書きことばの指導において（特に初期のそれについては），これまで重点がおかれていたのは，話しことばをいかに書きことばへと移していくかにあったといえるだろう」とそのような枠組みは単純すぎると批判し，そのうえで図5-5のような

第5章 「話すこと・聞くこと」の学習指導

新しい枠組みを示した。

この新しい枠組みについて、次のように解説している。「二次的ことば期では、ことばは三つの重層性をなすと考えられる。一つは、一次的話しことばの延長における発達があり、その上に、先程から述べてきた二次的な話しことばと書きことばの層が成り立ってくる。そしてこれらの層の間の相互交渉過程の展開として、ことばの指導を考えてゆく必要があると思われる」。岡本は、これまでの〈話しことば〉→〈書きことば〉という単純な枠組みを否定し、

図5-3 二つのことばの関係

図5-4 これまでの枠組み

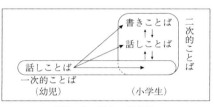
図5-5 新しい枠組み

出典：岡本（1985）68, 133頁。

〈話しことば〉→〈話しことば + 書きことば〉という新しい枠組みを提示したのである。

彼はこの新しい枠組みをとおして、児童の言葉の現在の問題点を次のように捉えている。「一つは、一次的ことばがますます貧困化することである。そしてもう一つは、そうした貧弱な一次的ことばの上に築かれる二次的ことばは、実体性の乏しい形式面だけのひとり歩きに終始しやすいことである」。つまり、新しい枠組みによって、現在の児童の言葉を眺めると、〈二次的ことば〉の獲得がうまくいっているとはいいがたい。それは実は、〈一次的ことば〉の貧困化が原因なのであると指摘するのである。

では、そういう現状を改めるにはどうすればよいのか。岡本は、こうした問題に対応できるのは教師であると、教師の役割を高く評価し、「すぐれた先生は、一次的ことばを二次的ことばにつなぐためのさまざまな手だてをつくり出していく」と、教師が〈一次的ことば〉を豊かにする指導を行い、さらにそれを豊かな〈二次的ことば〉の指導へとつないでいく必要性を強調している。

3　新学習指導要領における話し言葉の位置づけ

　表5-2に新学習指導要領における「話すこと・聞くこと」領域の変更点を掲げた。新学習指導要領における話し言葉の位置づけにおいて，最も注目すべきは，その枠組みが次のように変わったことである。

【学習指導要領（平成20年告示）】
- 話題設定や取材に関する指導事項
- 話すことに関する指導事項
- 聞くことに関する指導事項
- 話し合うことに関する指導事項

【新学習指導要領（平成29年告示）】
- 話すこと
　話題の設定／情報の収集／内容の検討／構成の検討／考えの形成／表現／共有
- 聞くこと
　話題の設定／情報の収集／構造と内容の検討／精査・解釈／考えの形成／共有
- 話し合うこと
　話題の設定／情報の収集／内容の検討／話合いの進め方の検討／考えの形成／共有

　新学習指導要領においては，次頁の表のように，項目アに「話すこと・聞くこと」の指導全体に関わることが提示されている。項目イとウには「話すこと」に関することがらが，項目エには「聞くこと」に関することがらが示されている。さらに，項目オは「話し合うこと」に関することがらを扱っている。

76

第5章　「話すこと・聞くこと」の学習指導

A　話すこと・聞くこと

		(小) 第1学年及び第2学年	(小) 第3学年及び第4学年	(小) 第5学年及び第6学年
		(1)　話すこと・聞くことに関する次の事項を身に付けることができるよう指導する。		
話すこと	話題の設定／情報の収集／内容の検討	ア　身近なことや経験したことなどから話題を決め、伝え合うために必要な事柄を選ぶこと。	ア　目的を意識して、日常生活の中から話題を決め、集めた材料を比較したり分類したりして、伝え合うために必要な事柄を選ぶこと。	ア　目的や意図に応じて、日常生活の中から話題を決め、集めた材料を分類したり関係付けたりして、伝え合う内容を検討すること。
	構成の検討	イ　相手に伝わるように、行動したことや経験したことに基づいて、話す事柄の順序を考えること。	イ　相手に伝わるように、理由や事例などを挙げながら、話の中心が明確になるよう話の構成を考えること。	イ　話の内容が明確になるように、事実と感想、意見とを区別するなど、話の構成を考えること。
	考えの形成／表現	ウ　伝えたい事柄や相手に応じて、声の大きさや速さなどを工夫すること。	ウ　話の中心や話す場面を意識して、言葉の抑揚や強調、間の取り方などを工夫すること。	ウ　資料を活用するなどして、自分の考えが伝わるように表現を工夫すること。
	共有			
聞くこと	話題の設定／情報の収集	【再掲】ア　身近なことや経験したことなどから話題を決め、伝え合うために必要な事柄を選ぶこと。	【再掲】ア　目的を意識して、日常生活の中から話題を決め、集めた材料を比較したり分類したりして、伝え合うために必要な事柄を選ぶこと。	【再掲】ア　目的や意図に応じて、日常生活の中から話題を決め、集めた材料を分類したり関係付けたりして、伝え合う内容を検討すること。
	構造と内容の把握／精査・解釈	エ　話し手が知らせたいことや自分が聞きたいことを落とさないように集中して聞き、話の内容を捉えて感想をもつこと。	エ　必要なことを記録したり質問したりしながら聞き、話し手が伝えたいことや自分が聞きたいことの中心を捉え、自分の考えをもつこと。	エ　話し手の目的や自分が聞こうとする意図に応じて、話の内容を捉え、話し手の考えと比較しながら、自分の考えをまとめること。
	考えの形成			
	共有			
話し合うこと	話題の設定／情報の収集／内容の検討	【再掲】ア　身近なことや経験したことなどから話題を決め、伝え合うために必要な事柄を選ぶこと。	【再掲】ア　目的を意識して、日常生活の中から話題を決め、集めた材料を比較したり分類したりして、伝え合うために必要な事柄を選ぶこと。	【再掲】ア　目的や意図に応じて、日常生活の中から話題を決め、集めた材料を分類したり関係付けたりして、伝え合う内容を検討すること。
	話合いの進め方の検討	オ　互いの話に関心をもち、相手の発言を受けて話をつなぐこと。	オ　目的や進め方を確認し、司会などの役割を果たしながら話し合い、互いの意見の共通点や相違点に着目して、考えをまとめること。	オ　互いの立場や意図を明確にしながら計画的に話し合い、考えを広げたりまとめたりすること。
	考えの形成			
	共有			
		(2)　(1)に示す事項については、例えば、次のような言語活動を通して指導するものとする。		
	言語活動例	ア　紹介や説明、報告など伝えたいことを話したり、それらを聞いて声に出して確かめたり感想を述べたりする活動。 イ　尋ねたり応答したりするなどして、少人数で話し合う活動。	ア　説明や報告など調べたことを話したり、それらを聞いたりする活動。 イ　質問するなどして情報を集めたり、それらを発表したりする活動。 ウ　互いの考えを伝えるなどして、グループや学級全体で話し合う活動。	ア　意見や提案など自分の考えを話したり、それらを聞いたりする活動。 イ　インタビューなどをして必要な情報を集めたり、それらを発表したりする活動。 ウ　それぞれの立場から考えを伝えるなどして話し合う活動。

左側注記：
- 「伝え合うために必要な事柄を選ぶ」に変更
- 「行動したことや経験したことに基づいて、話す事柄の順序を考える」に変更
- 「ウ　伝えたい事柄や相手に応じて」を追加
- 「大事なこと」から「話し手が知らせたいことや自分が聞きたいこと」に変更
- 「興味をもって聞くこと」から「話の内容を捉えて感想をもつ」に変更
- 「エ　大事なことを落とさないようにしながら、興味をもって聞くこと。」から変更
- 「オ　互いの話を集中して聞き、話題に沿って話し合うこと。」から変更
- 「声に出して確かめたり」を追加
- 「グループ」から「少人数」に変更
- 平成20年版の「考えを一つにまとめたりする」「場面に合わせてあいさつ」「必要なことについて身近な人と連絡」削除

右側注記：
- 「目的を意識して、日常生活から」「材料を比較したり分類したり」に変更
- 「分類したり関係付けたり」「内容を検討する」に変更
- 「理由や事例などを挙げながら」
- 「話の中心が明確になるよう話の構成を考える」に変更
- 「事実と感想、意見とを区別する」に変更
- 「言葉の抑揚や強弱、間の取り方」に変更
- 「資料を活用する」に変更
- 「必要なことを記録したり質問したりしながら」「中心を捉え、自分の考えをもつ」に変更
- 「話し手の考えと比較しながら、自分の考えをまとめること」に変更
- 「目的や進め方を確認」「役割を果たしながら」「意見の共通点や相違点に着目」に変更
- 「互いの立場や意図を明確に」「計画的に話し合い」に変更

下部注記：
- ア　出来事の説明や調査の報告をしたり、それらを聞いて意見を述べたりすること　イ　学級全体で話し合って考えをまとめたり、意見を述べ合ったりすること
- ア　資料を提示しながら説明や報告をしたり、それらを聞いて助言や提案をしたりすること　イ　調べたことやまとめたことについて、討論などをすること　ウ　事物や人物を推薦したり、それを聞いたりすること

表5-2　新学習指導要領における「A　話すこと・聞くこと」領域の変更点

出典：新学習指導要領をもとに筆者作成。

4 「話すこと・聞くこと」領域の学習指導の実際

（1）低学年（2年生）の場合――「大すきなもの教えたい」

　2年生教材「大すきなもの教えたい」（光村図書，平成27年版　2年生　上）において，実際の子どものノートを示しながら，どのような学習指導が行われたかについて考察する。本章において用いたノート例はすべて，三木惠子教諭（兵庫県たつの市立室津小学校）が担当した学級の児童のものである。

　次頁の図5‐6に示した2年生教材「大すきなもの教えたい」の児童のノート例その1を見てみよう。「大すきなもの教えたい」の学習を始めるにあたり，話す・聞く（領域）について，「これまでみにつけてきた力」を子どもから引き出しているところに注目したい。

> ・友だちのよいとこをほめる力／・書きかた　たとえば／・だんらく／
> ・はじめ、中、おわり

　「はじめ、中、おわり」の横に「はじめ → 話ていじ」「中 → だいじ　くわしく　目に見えるように」「おわり → まとめのことば」と書き添えられている。これは教師が補強のために書き加えたものであろう。こうした「留意点」や「上位概念」を示すことも，教師の重要な役割である。

　ノートの左側には，「話すこと」に関する「これまでみにつけてきた力」が書かれている。

> ・大声・はきはきと／・れんしゅう／・じゅんじょよく話す／・はじめ・
> 中・おわり・間をとる／・「です。」「ます。」／・声のスピード

　「じゅんじょよく話す」が赤鉛筆によって塗りつぶされている。「大すきなもの教えたい」という単元の中で，自分が最も重視したい「言葉の力」ということである。

第5章 「話すこと・聞くこと」の学習指導

 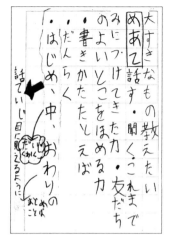

図5-6　2年生教材「大すきなもの教えたい」の児童のノート例　その1

　このように「大すきなもの教えたい」というスピーチをさせる前に,「これまでに身につけた力」をおさえている。この単元を扱うまでにすでに身につけた力があり,そこに新しい「言葉の力」を加えていくということである。
　次頁の図5-7は児童のノート例その2である。ノートの右側に「大すきなもの教えたい」スピーチにおいて,取り上げる「テニス」についての話題メモを書いている。メモの上に「はじめ」「中」「おわり」と書き添えているところに注目したい。構成を意識したメモになっているのである。
　「中がもう少し多くてもいいかな」というアドバイスが,教師によって書き添えられている。それを受けて,ノートの左側では,「日本のにしごりけえせんしゅがすごいなと思うこと」と,「中」の部分の話題を広げた。
　このようなアドバイスを行い,子どもの学習活動のサポートをすることも教師の重要な役割である。
　「大すきなもの教えたい」という比較的取り組みやすい課題であることを考えて,原稿を書かせず,このメモを元にスピーチ発表を行わせた。
　図5-8においては,単元の最後に行った「みについた力をふりかえろう」がノートに記録されている。

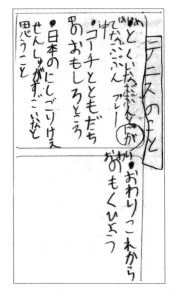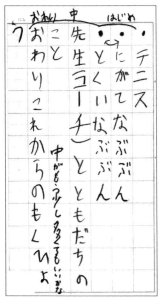

図5-7　2年生教材「大すきなもの教えたい」の児童のノート例 その2

- 「です」「ます」をつかう力がついた／・じゅんじょよく話せる力／・大きな声でいえる力／・わだいていじの力／・メモで話す力／・メモを書く力

　スピーチを行って終わりではなく，このように「どのような力が身についたか」を振り返らせ，それを目に見えるかたちにまとめさせたい。「言語活動あって学びなし」という状態にならないようにする必要がある。

　最後に，「2学きにはいってやったスピーチ」について書かせている。

- ショウアンドテル（「夏休み課題じまんスピーチ」のこと）
- 日記（朝の時間の中で日直が行う「日記スピーチ」）
- 本しょうかい（「日記スピーチ」の後，今度は「本の紹介スピーチ」へ）

　このように，教科書教材を用いた「話すこと・聞くこと」の学習活動だけでなく，日常活動の中に「話すこと・聞くこと」の学習活動がしっかりと位置づ

第 5 章 「話すこと・聞くこと」の学習指導

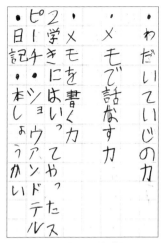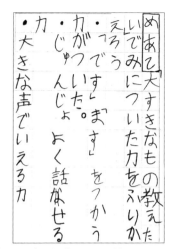

図 5-8　2 年生教材「大すきなもの教えたい」の児童のノート例　その 3

けられていることを，子どもにも意識させているところに注目したい。

（2）中学年（4年生）の場合――「聞き取りメモの工夫」

　4年生の教材「聞き取りメモの工夫」（光村図書，平成27年版 4年生下）において，実際の子どものノートを示しながら，どのような学習指導が行われたかについて考察する。

　次頁の図 5-9 には，「めあて」として「身につけたい力」のかたちで，次のことがらが書かれている。

・話し手の気持ちを考えて聞く力／・単語などに注目して聞く力

・話し手と比べて聞く力／・分かりやすくメモをする

　これらも子どもと一緒に考えたものである。さらに「話す人」と「聞く人」に分けて，それぞれの「めあて」を説明している。教材「聞き取りメモの工夫」は「聞くこと」に重点を置いた教材であるが，「話すこと・聞くこと」の両面を扱っているところに注目したい。

81

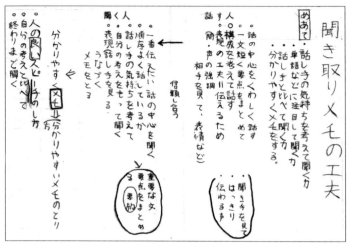

図5-9 4年生の教材「聞き取りメモの工夫」のノート例 その1

【話す人】

- 話の中心をくわしく話す/・一文短く要点をまとめて
- 構成を考えて話す/・表現の工夫＝伝えるため（間・声の強調・相手を見て・表情など）

　↓信頼し合う

【聞く人】

- 一番伝えたい話の中心を聞く/・順序よく話しているか
- 話し手の気持ちを考えて/・自分の考えをもって聞く
- 表現（話し手を見る）　うなづく　メモをとる

　↓

　分かりやすく メモ → 分かりやすいメモのとり方

- 人の 良い スピーチのし方/・自分の考えと比べて
- 終わりまで聞く

第5章 「話すこと・聞くこと」の学習指導

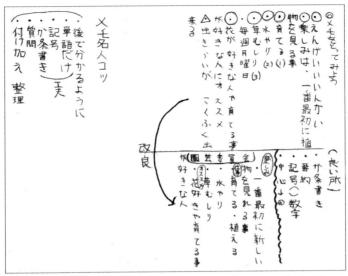

図5-10 4年生の教材「聞き取りメモの工夫」のノート例 その2

図5-12 聞き取りメモ名人のコツ

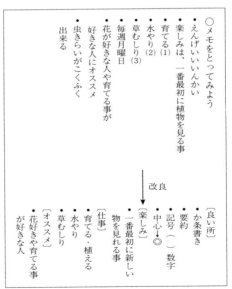

図5-11 4年生の教材「聞き取りメモの工夫」のノート例その2より

教材「聞き取りメモの工夫」であるため、「分かりやすいメモのとり方」について考えさせ、引き出しているところに注目したい。

このノートを書いた子どもは、この単元において学んだことを、毎日の朝の時間における「日直によるスピーチ」の際に生かす場を与えられている。国語科の時間だけでなく、他の教科、領域、活動においても、日常的に「話すこと・聞くこと」の学習成果を活用する場を設定することも、教師の重要な役割である。

ある子どもにスピーチをさせ、図5-10（前頁）のように、全員でメモを取らせた。そして、それを発表させながら、図5-11（前頁）のように、「改良」させていくという学習活動である。

さらに、ここから図5-12のような「聞き取りメモ名人のコツ」を生み出させた。ノートの前頁の「わかりやすいメモのとり方」がさらに高められている。

このように、学習活動の中において〈メタ認知〉したことを、子どもの言葉によって、目に見えるようにしていくことが重要である。「話して終わり」「聞いて終わり」ではなく、自分の行為を上位概念によってとらえる〈メタ認知〉までもっていく。これが教師の重要な役割である。

（3）高学年（6年生）の場合——「全国学力・学習状況調査」

高学年の「話すこと・聞くこと」領域に関する学習指導の例としては、図5-13、14の平成29年度の「全国学力・学習状況調査」（平成29年、6月実施）における「話すこと・聞くこと」領域問題（国語B問題）を取り上げて考察する（「全国学力・学習状況調査」は、平成19年度から実施されており、6年生全員を対象としている「国語A」問題（主として「知識」に関する問題）と「国語B」問題（主として「活用」に関する問題）とがある）。

文部科学省がまとめた「平成29年度全国学力・学習状況調査報告書〔小学校/国語〕」によると、この問1の「出題の趣旨」は、「目的や意図に応じ、自分が伝えたいことについて、的確に話すことができるかどうかをみる」と記されている。また、「学習指導要領（平成20年告示）に示されている言語活動例との

関連」は次のようである。

> 〔第5学年及び第6学年〕A 話すこと・聞くこと
> 　ア　資料を提示しながら説明や報告をしたり，それらを聞いて助言や提案をした
> 　　りすること。

　次頁の図5-13・14には，【スピーチメモ】【スピーチの練習の様子】【グループの話し合いの様子】が，具体的に示されている。そして，図5-15～18では，授業における学習活動を設定した問いになっているところに注目したい。この問題そのものが「話すこと・聞くこと」領域における授業改善の方向を示すものということである。

　この問いに答えるためには，87頁に示した図5-16の【グループの話し合いの様子】の中にある，石田さんの「全体的に早口になっているように思うので，そこを直したいな」という発言に着目する必要がある。一連の発言の中からポイントとなる発言を判別するという意味において「思考力・判断力・表現力」を問うている。

　「スピーチメモ」をつくる学習活動を行わせるだけでなく，図5-17のように，「スピーチメモを使うことについてどのようなよさがある」かということについて考えさせている。学習活動の意味について考えさせようとしているところに注目したい。

　図5-18（87頁）においては，「折り紙のみりょくは，」という書き出しの言葉が原稿用紙に添えられている。

　【スピーチの練習の様子】の中の一連の発言について，他者からの助言を受けて，考え直すという設定になっており，ここでも「思考力・判断力・表現力」を発揮させる問いとなっている。条件作文となっていることに留意したい。

85

【スピーチメモ】

1 石田さんは、日本語を学んでいる外国の人たちに、「折り紙」について紹介するスピーチをするため、友達に助言してもらいながら練習しています。次は、「折り紙」について紹介するスピーチをするため、[スピーチメモ][スピーチの練習の様子](動画で記録したもの)[グループの話し合いの様子]です。これらをよく読んで、あとの問いに答えましょう。

1 折り紙とは（紙を折って、いろいろな形を作る遊び）
2 自分の経験（実際に「つる」を見せる）
3 折り紙の例（「風船」「紙飛行機」「手裏剣」など）
4 折り紙のみりょく
 （色やもようがきれいな紙を折って、いろいろな形を作ることができること）
 （体験コーナーのしょうかい）
5 まとめ

【スピーチの練習の様子】（動画で記録したもの）

私は、折り紙について紹介します。折り紙は、紙を折っていろいろな形を作る遊びです。子供から大人まで楽しむことができます。

私は、小さいころにおばあちゃんに教えてもらった「つる」を折るのが得意です。これは、私が折った「つる」です。

他にも、「風船」「紙飛行機」などを作ると楽しいです。

折り紙のみりょくは、色やもようがきれいな紙を折って、いろいろな形を作ることができることだと、私は思います。

このあとの体験コーナーで作り方を教えますので、みなさんも、ぜひ一緒に作って楽しんで下さい。

これで、折り紙の紹介を終わります。

図5-13　平成29年度「全国学力・学習状況調査」B問題　その1

【グループの話し合いの様子】

北川　石田さんのスピーチ、よかったね。
上野　表情がとても明るくて、折り紙のことをいっていう気持ちが伝わってきたよ。
北川　実物の「つる」を見せているのも、分かりやすかったね。それと、「つる」を見せて話をしていたね。
石田　うん、スピーチメモを使って話のまとまりと順序を意識して話すことはできたかな。
上野　スピーチメモを見ればよかったから、相手の反応を見にだけメモを見ればよかったから、相手の反応を見て話すこともできたと思う。
石田　確かにできていたね。他に気をつけたいことはあるかな。
北川　全体的に早口になっているように思うので、そこを直したいな。動画を見てみよう。
石田　そうだったかな。

〜（動画を見る）〜

北川　そうだね。日本語を勉強している外国の人にとっては早口かもしれないね。
上野　それから、石田さんが一番伝えたいことが伝わるかどうかが大事だよね。
石田　私は、折り紙のみりょくを一番伝えたいみたい。
上野　それなら、折り紙のみりょくをもっとたくさん伝えた方がいいんじゃないかな。
北川　折り紙のみりょくは、どこでも手軽にできることだと思うよ。
上野　ぼくは、紙一枚から立体的な形ができるということがみりょくだと思うな。
北川　「手裏剣」のように、組み合わせて形をつなげられることもみりょくだよね。
石田　折り紙のみりょくはいろいろあるんだね。みんなの意見を参考にして、もう一度考えてみるね。

図5-14　平成29年度「全国学力・学習状況調査」B問題　その2

第5章 「話すこと・聞くこと」の学習指導

1 石田さんは，日本語を学んでいる外国の人たちに，「折り紙」について紹介するスピーチを
するため，友達に助言してもらいながら練習しています。次は，【スピーチメモ】，【スピーチの
練習の様子】，【グループの話し合いの様子】です。これらをよく読んで，あとの問いに答えま
しょう。

図5-15　平成29年度「全国学力・学習状況調査」B問題　その3

一　石田さんのグループは，【グループの話し合いの様子】の □□□□ において，どのような目
的で動画を見ていますか，その説明として最も適切なものを，次の1から4までの中から一つ選
んで，その番号を書きましょう。
1　調べて分かったことをいくつ伝えているか，整理するため。
2　よい点を多く見つけて，他の人の参考にしてもらうため。
3　相手に応じた話し方の改善点について，確かめるため。
4　姿勢や表情に気をつけて話していたか，ふり返るため。

図5-16　平成29年度「全国学力・学習状況調査」B問題　その4

二　石田さんたちは，グループの話し合いの中でスピーチメモを使うことについてどのようなよ
さがあると考えていますか。【グループの話し合いの様子】の言葉を使って，四十字以内で書き
ましょう。

図5-17　平成29年度「全国学力・学習状況調査」B問題　その5

三　石田さんは，友達の助言を受け，【スピーチの練習の様子】の中の □□□□ について，もう
一度考えています。石田さんは，どのように話すとよいですか。その内容を，次の条件に合わせ
て書きましょう。
〈条件〉
・折り紙のみりょくについて，【スピーチメモ】と【スピーチの練習の様子】で出された意見か
　ら，それぞれ取り上げて書くこと。
・スピーチとしてふさわしい言葉づかいにすること。
・書き出しの言葉に続けて，八十字以上，百字以内にまとめて書くこと。なお，書き出しの言葉
　は字数にふくむ。

図5-18　平成29年度「全国学力・学習状況調査」B問題　その6

87

引用・参考文献

岡本夏木（1982）『子どもとことば』岩波新書。

岡本夏木（1985）『ことばと発達』岩波新書。

堀江祐爾編著（2012）『実物資料でよくわかる！ 教材別ノートモデル40』明治図書。

(学習の課題)

(1)　あなたなら，「1年生第1教材の絵だけの頁」をどのように扱いますか。具体的な指導過程を示しながらまとめましょう。

(2)　自分や他者のスピーチメモをもとに，「メモ名人のコツ」を5つ考え，それをグループの中で伝え合い，「メモ名人のコツ表」を作成してみましょう。

(3)　文部科学省のウェブサイトに掲載された過去の「全国学習・学力調査B問題」の中から「話すこと・聴くこと」の問題を見つけ，その特色をレポートにまとめましょう。

【さらに学びたい人のための図書】

井上一郎（2008）『話す力・聞く力の基礎・基本』明治図書。
　　⇨実生活や学習に生きて働く話す・聞く能力を育成するための理論書。自らの考えを積極的に話したり，質問したり，司会を立てて話し合ったり，相互に伝え合い，考えを深めていき，話す・聞く能力の育成のためにどのような指導をすればよいのかが示されている。

森美智代（2011）『〈実践＝教育思想〉の構築——「話すこと・聞くこと」教育の現象学』溪水社。
　　⇨授業実践が構築されるところには一教師の教育思想が反映される。とくに「話すこと・聞くこと」に焦点を当て，学習者の「今」を重視した授業構想についてまとめている。

堀江祐爾（2015）『言葉の力を育てる　堀江式国語授業のワザ』明治図書。
　　⇨「話すこと・聞くこと」の領域を始め，国語科教育のさまざまな領域における「指導のワザ」を中心に，学習指導をどのように展開すればよいかを，具体的な実践例を示しながら解説している。

（堀江祐爾）

第6章	「書くこと」の学習指導

この章で学ぶこと

文章による表現は日常の様々な場面で行われており，人間の大切な営みの一つとなっている。記述方法が，鉛筆による筆記からキーボードによる入力へ，さらにその先へと変容しても文章表現自体が消えてしまうことはないだろう。しかし，そうした身近で重要なものであっても，学校においていざ学ぶとなると苦手意識や嫌悪感を抱く子どもは多く，そうした実態を前に，教師は指導の難しさを感じている。本章では，新学習指導要領に示された「書くこと」の指導内容を整理するとともに，文章による表現とその指導のどこに難しさがあり，それを乗り越えるために何が必要かを考えていく。

1 「書くこと」の学習指導において教師は何を目指すのか

（1）「書くこと」に関する資質・能力を育成し言語能力を高めることを目指す

文章によって感情や主張を表現したり，様々な物事を描いたり，説明したりする機会は意外に多い。「音声で表したり，やり取りしたりするのが好ましく，また効果的・効率的である」と考えられる状況でも，現代では SNS のような手段を用いた文章による表現や伝達がとくに若い世代において広く行われているのはよく知られている。そうしたことの是非はともかく，自分の内面にあるものを文章というかたちで表に出していく，そしてそれを他者に伝えていくという行為は，私たちの日常生活の中で頻繁にみられる。

文章によって表現をしたり，伝達をしたりすることの基礎は，どこで学ぶのか。それは，国語科における「書くこと」の学習である。私たちは，何かまとまった表現・伝達をしようとするときに，表したいものについての情報を集めたり，それらを上手に加工して組み立てたり，うまく表現できているかどうか

89

を見直したりしている。そうしたことが大人になった今さり気なくできるのは，私たちが小学校時代に国語科の授業の中で文章作成の経験を積みながら「書くこと」に関する思考や判断，表現等の力を高め，同時に，その過程において文章表現に関わる知識や技能を少しずつ身につけてきたからにほかならない。

このように，「書くこと」の学習指導において，教師は言葉による見方・考え方を働かせることを子どもに求めながら，活動経験を通して「書くこと」に関する資質・能力を育成することになる。こうした「書くこと」の指導が，「話すこと・聞くこと」および「読むこと」の指導とともに，言語能力を高めるという国語科の教科目標の達成につながっていく。

（2）5つの「指導事項」を2年間の見通しの中で確実に指導する

新学習指導要領には，「書くこと」の学習において教師が指導しなければならない5つの事柄（＝指導事項）が提示されている。次頁の表6−1は，その指導事項を並べたものである。

指導事項の内容は，それぞれ低学年（1・2年生），中学年（3・4年生），高学年（5・6年生）の2年単位で設定されている。教師は，2年間の見通しの中で計画的に，そして確実に指導事項を指導していかなければならない。

（3）「指導事項」の並びは文章作成の基本プロセスになっている

文章をつくる基本的なプロセスは，表6−1の各スロットに示されている指導事項を，表中の矢印に沿って上から順に「ア→イ→ウ→エ→…」となぞっていくと見えてくる。まず，何について書くかを考え，取材をしつつ，自分が伝えたい核心部分を浮き上がらせていく。そして，文章をどのように組み立てるかを検討し，その構成に従って記述を進める。同時に文章を何度も見直し，完成に近づけていく。こうした流れはアメリカのコンポジション理論というものをベースとした考え方であり，ある程度まとまった文章をつくろうとする場合，私たちは似たような手順を無意識のうちに踏んでいる。指導事項は，そうした文章作成の各要素を時間軸に沿って配列したものとなっている。

第6章 「書くこと」の学習指導

表6-1 「書くこと」の指導事項

	第1学年及び第2学年	第3学年及び第4学年	第5学年及び第6学年
A	ア 経験したことや想像したことなどから書くことを見付け，必要な事柄を集めたり確かめたりして，伝えたいことを明確にすること。	ア 相手や目的を意識して，経験したことや想像したことなどから書くことを選び，集めた材料を比較したり分類したりして，伝えたいことを明確にすること。	ア 目的や意図に応じて，感じたことや考えたことなどから書くことを選び，集めた材料を分類したり関係付けたりして，伝えたいことを明確にすること。
B	イ 自分の思いや考えが明確になるように，事柄の順序に沿って簡単な構成を考えること。	イ 書く内容の中心を明確にし，内容のまとまりで段落をつくったり，段落相互の関係に注意したりして，文章の構成を考えること。	イ 筋道の通った文章となるように，文章全体の構成や展開を考えること。
C	ウ 語と語や文と文との続き方に注意しながら，内容のまとまりが分かるように書き表し方を工夫すること。	ウ 自分の考えとそれを支える理由や事例との関係を明確にして，書き表し方を工夫すること。	ウ 目的や意図に応じて簡単に書いたり詳しく書いたりするとともに，事実と感想，意見とを区別して書いたりするなど，自分の考えが伝わるように書き表し方を工夫すること。 エ 引用したり，図表やグラフなどを用いたりして，自分の考えが伝わるように書き表し方を工夫すること。
D	エ 文章を読み返す習慣を付けるとともに，間違いを正したり，語と語や文と文との続き方を確かめたりすること。	エ 間違いを正したり，相手や目的を意識した表現になっているかを確かめたりして，文や文章を整えること。	オ 文章全体の構成や書き表し方などに着目して，文や文章を整えること。
E	オ 文章に対する感想を伝え合い，自分の文章の内容や表現のよいところを見付けること。	オ 書こうとしたことが明確になっているかなど，文章に対する感想や意見を伝え合い，自分の文章のよいところを見付けること。	カ 文章全体の構成や展開が明確になっているかなど，文章に対する感想や意見を伝え合い，自分の文章のよいところを見付けること。

※ 表中のアルファベットは，指導事項のまとまりを捉えやすくするために便宜的に付したものである。5つの指導事項は以下のように整理できる。

A	題材の設定，情報の収集，内容の検討	D	推 敲
B	構成の検討	E	共 有
C	考えの形成，記述		

91

しかし，指導事項を上から順に追うことで見えてくる作成のプロセスは，普遍的・絶対的なものではない。「ア・イ・ウ」や「ウ・エ」のような複数のステップを何度も行き来しながら文章をつくることは別段珍しいことではなく，また「イ→ア」のように順序が入れ替わることもよくある。そもそも，「基本的な作成順序＝指導順序」というわけではない。指導事項の「ア」から順に文章作成や学習指導が進められなければならないということではないので留意したい。

　次に，指導事項の各内容について整理をしていく。

【題材の設定・情報の収集・内容の検討】

　この指導事項は，題材を見つけたり，選択したりするというものである。「題材」というのは書く対象のことで，「何を書くか」の「何を」の部分にあたる。

　題材の選定とともに，それを書くときに必要となる材料も集めなければならない。いわゆる取材である。取材を進める中で自分の伝えたいこと（＝要旨・主題）がはっきりしてくることもあれば，逆に，伝えたいことが既に手元にあって，それを表現するために必要な材料を探すということもある。

【構成の検討】

　この指導事項は，文章の組み立てを考えていくというものである。伝えたいことをしっかりと表現するためには，用意した材料をどのように配列するのがよいかということを考えなければならない。論理的に思考し，筋道を立てるという学習活動が子どもには求められる。

　文章の構成は，「何を書くのか」「どのような材料を得たのか」「どのような言葉を用いて表現するのか」などと絡めながら考えていくことが肝要である。そのため，構成の検討は「題材の設定・情報の収集・内容の検討」や「考えの形成・記述」の２事項と必要に応じて行き来しながら指導していくことになる。

　新学習指導要領に新たに織り込まれたプログラミング教育は，多様な教科の中で学んでいくとされているが，国語科においては，こうした文章構成の検討などの際に体験させることができる。

【考えの形成・記述】

　この指導事項は，どのような言葉をどのように使い，どのような図表を提示

すれば自分の考えを明確に，効果的・効率的に表現できるかということを考えつつ，文章構成に従って工夫して書くというものである。

　毎度同じような調子で書いていればよいということはなく，書く目的や意図に応じて，記述の粗密を変えたり，事実と感想，意見を区別して書いたりすることが必要となる。また自分の考えに説得力をもたせるためには理由を明確にしたり，具体的な事例をあげたりもしなければならない。

【推　敲】

　この指導事項は，できあがった，またできあがりつつある文章を読み直し，表現を直したり，内容を整えたりしていくというものである。

　「書くこと」の学習は，文章を一通り書いて終わりというわけではない。書いたものを読み返し，改良点を見出して，直し整えていくという活動もまた重要である。誤字脱字の有無をはじめ，言葉の続き方，読み手や記述目的に沿った表現になっているかどうかなどに目を向け，訂正をしたり，より適切なものへと直したりする。

　この「推敲」までの4項目が，書くという行為に直接的に関わっている。

【共　有】

　「共有」は，文章の内容や表現について，友達や教師といった他者と感想や意見を交流していくものである。他者との交流の中で，お互いが作成した文章を読み合って感想を伝え合ったり，自分の文章の良さや工夫を再確認したりしていく。いうまでもなく，粗探しが求められているわけではなく，書いたものを好意的に評価し，認め合っていくということが重要となる。

（4）「言語活動」の中で「指導事項」を指導する

　教師は，「書くこと」に関する5つの指導事項を具体的にどのような場で指導していくのか。

　5つの指導事項を指導することによって向上させたい，とくに〔思考力，判断力，表現力等〕は，〔知識及び技能〕と異なり，教師が直接教え込むことが困難である。知識・技能を活用する際の基盤力である〔思考力，判断力，表現

力等〕は，実際に繰り返し使われることによって鍛えられていく。そこで，学習指導要領には，指導事項を指導する場，言い換えると，こうした能力を子どもに実際に使わせる学習活動のイメージとして「言語活動例」というものが掲げられている。「○年生の『書くこと』の指導事項は，例えば，このような言語活動を経験させる中で指導してくださいね」というわけである。

　言語活動例は，下の表6-2のように「説明的な文章」「実用的な文章」「文学的な文章」と3文種に分けて例示されている。

　教科書に掲載されている「書くこと」教材は，指導事項の内容や言語活動例を踏まえたものとなっている。物語を想像して書くというもの，体験したことや調べたことを報告するというもの，お礼の手紙を書くというもの，自分の考えを文章で表すというものなど，多様な教材が計画的に配列されている。

表6-2　「書くこと」の言語活動例

	第1学年及び第2学年	第3学年及び第4学年	第5学年及び第6学年
説明的な文章を書く活動	ア　身近なことや経験したことを報告したり，観察したことを記録したりするなど，見聞きしたことを書く活動。	ア　調べたことをまとめて報告するなど，事実やそれを基に考えたことを書く活動。	ア　事象を説明したり意見を述べたりするなど，考えたことや伝えたいことを書く活動。
実用的な文章を書く活動	イ　日記や手紙を書くなど，思ったことや伝えたいことを書く活動。	イ　行事の案内やお礼の文章を書くなど，伝えたいことを手紙に書く活動。	
文学的な文章を書く活動	ウ　簡単な物語をつくるなど，感じたことや想像したことを書く活動。	ウ　詩や物語をつくるなど，感じたことや想像したことを書く活動。	イ　短歌や俳句をつくるなど，感じたことや想像したことを書く活動。 ウ　事実や経験を基に，感じたり考えたりしたことや自分にとっての意味について文章に書く活動。

　出典：新学習指導要領 解説をもとに作成。

第6章 「書くこと」の学習指導

2 「書くこと」の指導は一筋縄ではいかない

(1) 文章をつくるのが苦手な子ども・嫌いな子どもは多い

　学習指導要領と国語教科書の案内に従っていけば，学習指導上大きく道を逸れることはなさそうである。こう考えると，「書くこと」の指導は案外容易なのではないかと楽観視してしまうかもしれないが，実際はそうではない。

　「学校において」「国語科授業において」文章で表現することに関心の低い子どもや苦手意識・嫌悪感をもっている子どもは想像以上に多い。一文字一文字書き並べて少しずつ言葉を紡いでいくという行為だけを考えても，気の遠くなるようなその道のりに嫌気を覚える子どもがいてもおかしくないし，自己表現すること自体への気恥ずかしさを感じている子どももいるであろう。そもそも，指導者である教師も万能ではないので，なかには「書くこと」の指導に対して消極的な人もいることだろう。

　ちなみに，国立教育政策研究所が2005（平成17）年に実施した調査において「文章を書く学習が好きだ」と回答した子どもの割合は右表のようになる。これらの数字は，小学4，5，6年生の5割強から6割強の子どもが文章作成について好ましく思って

学　年	割合（%）
小4	47.3
小5	44.9
小6	37.4

いないということを示している。比較的近年行われた小学生対象の民間の調査（小学館，2014）でも類似した結果が提示されているので，現在の子どもの意識にも大きな違いはないと推測できる。

(2) 国語科における文章表現と他教科の表現は違う

　子どもの学校生活は表現活動で溢れている。図画工作科や音楽科，体育科の学習活動はもちろんのこと，算数科や生活科，社会科，理科，総合的な学習の時間などにも表現活動は位置づいている。また休み時間などにおいても多種多様な表現を行っている。表現活動は決して国語科の専有物ではない。

95

日常的に表現活動が行われ，慣れ親しんでいるであろうにもかかわらず，な
ぜ国語科の授業における文章表現に苦手意識をもつ子どもが多いのか。様々な
原因が考えられるが，一つには，感覚的に捉えたものを文字や約物という限ら
れた記号によって明らかにしつつ，筋道立てて表現しなければならないという
ところに難しさがあるからだといえる。図画工作科や体育科などに見られる表
現は，子どもにとって比較的自由度の高いものであるが，文字言語による国語
科の表現はとてつもなく制約が大きいということである。それが，一部の子ど
もの「面倒だ」「厄介だ」「難しい」という意識を煽っている。

　こうした言語的制約は，0から9までの数字と＋やーといった数学記号を用
いて論理的に表現することが求められる算数科と類似するが，算数科の表現は
主として解答に向けた複雑な過程をいかにスマートに表していくかを追求して
いくものであり，国語科のそれとは異なる部分も多い。

　たとえば，算数科において「1個30円のみかんを4個買いました。全部でい
くらでしょう」という問いを考える場合，子どもの思考は「30円を4個分合わ
せるわけだから，30円足す30円足す30円足す30円。だから全部で120円」とな
り，それを数学的表現に変換すると「30＋30＋30＋30＝120　答え120円」とな
る。算数科の学習においては，より洗練された表現にすることを求めるため，
九九を獲得した第2学年以降は「30×4＝120」へと磨かれていく。

　こうした数学的表現の中に「120円。どうしてこんなに高いんだ。ぼくの小
遣いじゃ足りないよ。昨日，あのマンガを買わなければよかったなあ。ぼくは
何てドジなんだろう。バカバカ」や「そのみかんは黄金色にかがやいていまし
た。ああ，何ておいしそうなんでしょう。わたしは思わず両手をのばしました。
わたしの手の中に四つのみかんがおさまりました。わたしは満ち足りた気持ち
になりました」といった記述は当然不要である。そんなことを算数科のテスト
において大まじめに書き並べたら，笑われてしまうに違いない。しかし国語科
では，時に，そうした内面の吐露や細やかな説明，修飾が重要になる。

　言葉という制約の大きいツールを用いて表現しなければならないこと，そし
て主張や心情，説明などを書き表すことが時折必要となること，そしてそれら

96

が文章として消えずに残り続けることに，国語科の表現に対する難しさや恥ずかしさ，戸惑いのようなものを子どもの何割かは感じている。

（3）個別指導の引出しを複数用意する

　指導事項に沿った基本的な文章作成の手続きを丁寧に踏み，適切な言語活動を行っていたとしても，表現に対する難しさや恥ずかしさ，戸惑いのようなものから「書けない」「書くことがない」「書きたくない」と立ち止まる子どもがいる。そうした子どもには，どのように対応すればよいだろう。

　コーチングのように「君は，どうすれば解決できると思う？」などと問いかけ，子どもが自力で解決方法を見出し，実践していけるように促していくというのが理想的なのかもしれない。しかしながら，そのようにできないこともある。では，どうするか。

　以下に，教師がもっていると便利な「指導の引き出し」を紹介する。これらの引出しを状況に応じて組み合わせたり，加工したりしながら活用し，子どもの学びが動き出すように支援していくとよい。

【引出し１】　内容の例を示す

　書く内容や文章の構成について教師が具体的に提案・紹介するという引出しである。

　たとえば，「こんな感じの内容にしてみたらどうかな」「こんなのもあるよ」「こんな文章構成にしたら？」「先生だったら，こう書くよ」というように，教師が自らの意見を述べたり，「太郎くんは，こんなのを書いていたよ」のように他者の文章を紹介したりする。

【引出し２】　方法の例を示す

　文章化するまでの方法を教師が提案するという引出しである。内容や構想を豊かにイメージできるように支援する。

　たとえば，「箇条書きにしてみよう」「構成表をつくってみるといいね」「言葉集めをしよう」「作文メモをつくってみるというのはどうだろう」というような関与である。後述する〈思考ツール〉の活用も，この引出しに当てはまる。

97

単語や短文のような簡潔単調な表現しか生み出せない子どもに対しては，「そして」「だから」「でも」などの接続語を書いたカードを用意して，そこから1枚引かせて，文をつないでいく楽しさを味わうゲームをするのもおもしろい。

【引出し3】　聞き出しをする

　面談によって，子どもの内側に眠っている，または隠れているものを引き出し，気づかせてあげるというものである。

　たとえば，「どんなことが楽しかった？」「だれと遊んだの？」「その時はどんな気持ちだった？」「どんな表現にするとぴったりくる？」というように，内容や表現に関して子どもに問いかけていく。教師に具体的に尋ねられることによって，記憶が鮮明になったり，考えが明確になったりするだけでなく，自身が見落としていた書くべき内容に気づくという効果もある。いうまでもなく，教師のもっていきたい方向に無理矢理転換させる誘導尋問ではないので注意が必要である。

【引出し4】　励ましの言葉（褒め言葉）をかける

　沈没しそうな子どもの心を鼓舞したり，安心させたりするものである。肯定的な評価が伴うとよい。

　たとえば，「もう少し頑張ってみようよ」「この部分は実に良く書けているなぁ」「いいぞ，ここまではうまくできているな」のようになる。【引出し1】や【引出し3】などと併せて用いることも多い。

　学習活動に順調に取り組んでいると判断できる子どもにも，必要に応じて示していくとよい。教師から声をかけられたことで安心感が生まれ，学習に自信をもって取り組むようにもなるだろう。

【引出し5】　交流の場を設ける

　ほかの子どもとの情報交換を促したり，共同思考を試みさせたりするというものである。

　たとえば，「あの子に書き方を尋ねてごらん」「ほかの子の文章を見ておいでよ」のように対象となる子どもに誘いかけたり，「花子さん，あなたの文章をちょっと紹介してほしいな」のように他者と引き合わせたり，「グループで話し

合ってみよう」のように共同思考の場を設定したりする。こうした交流を効率よく進めるためには，タブレット PC の活用など，ICT の導入も必要である。

【引出し6】　題材や文種などを変更する

状況に応じて，題材や文種を柔軟に変更するというものである。

たとえば，「このテーマに変えてみようか」「あのことについて書くというのでもいいよ」「手紙のような感じで書いてみたらどうかな」のような助言である。書けない子どもが多数の場合は，クラス全体の指導内容や指導方法を変更することになるが，それは，教師による子どもの実態把握と指導の見通しが甘かったということにほかならない。

【引出し7】　題材に関する情報を示す

情報不足によって行き詰まっている子どもへの支援である。

たとえば，記述する際に必要となる，または手元にあると便利だろうと思われる情報（資料のコピー，現場・現物の写真，パンフレット，実物など）を提供していく。そうしたものに触れることで，子どもの思考が活性化したり，記憶が鮮明になったりする。

【ほかの引出しと注意点】

「学習環境を工夫する」という手立てもある。書くということに対する負の印象や消極的な気持ちなどを，環境や道具を変えたり，工夫したりすることによって改善していこうとするものである。たとえば，「今日は広い図書室で書いてみようか」「残りは家庭でゆっくり考えてみよう」「タブレット PC を使ってみては？」というような対応になるが，単なる問題のごまかしや先延ばしにならないよう，状況をよく考えて対応しなければならない。

また，「（良い意味で）追い込んでいく」という対応もある。たとえば，怠惰が透けて見える子どもに対して提出期限を設定したり，取組みが遅れていることを指摘してペースメークしたりしていく。こうしたことに否定的な教師もいるが，実は大切なことであろう。子どもの状態や教室全体の雰囲気などを見ながら上手に取り入れたい。

子どもの書く活動を支え進展させる，こうした引出しは多い方がよい。引出

しを複数もっていれば，子どもや教室の実態，指導計画等，状況に応じて組み合わせつつ，柔軟に対応することができる。

ただし，「何を書いてもいいんだよ」「好きなように書いてみよう」のような助言は要注意である。これらは子どもの心を軽くしてあげられる言葉，文章作成の制約から解き放つ魔法の言葉のようにもみえるが，こうした声に反応できるのは優秀な子ども（「このように書いてみたいけど，ダメかなぁ」というような前向きな迷いを抱いている子ども）だけに限られることが多い。そうした子どもにとっては自身の背中を押してくれる力強い一言になろうが，手が止まっている子の多くは，教師のこの一言によって向かうべき方向がわからなくなって一層困惑したり，学習目標から大きく逸れてしまったりする。

（4）引出しを効果的に使うための思考ツールの活用と ICT の導入

引出しを効果的に使うために，「思考ツール」と「ICT」の導入についても紹介しておきたい。

近年，黒板や教科書，文章構成表といった伝統的な教具教材に加えて，思考ツールや ICT が，「書くこと」の指導の中にも取り入れられるようになってきた。思考ツールや ICT は，子どもの文章作成を助け，「書くこと」の指導の可能性を広げてくれるものとして注目されている。

【思考ツールの活用】

思考ツールとは，考えたことを目に見えるようにしてくれたり，頭の中を整理して考えることを助けてくれたりする道具である。すでに多くの思考ツールが学習の場で用いられており，「書くこと」の学習においてもイメージマップ（図6-1），フィッシュボーン図，PMI シート，熊手チャート（図6-2）などがよく活用されている。

たとえば，イメージマップは，中心となる事柄を出発点に，それと関連する事柄を考え，事柄同士の関係を線でつないで可視化していくというものである。アイデアを広げたり，ある対象について把握している全体像を認識したりしたいときに便利なツールである。熊手チャートは，あるテーマを限られた複数の

第6章 「書くこと」の学習指導

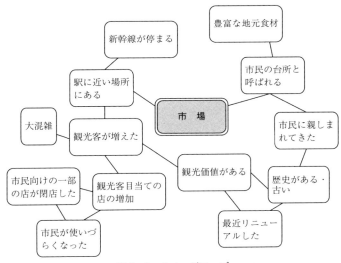

図6-1　イメージマップ

出典：筆者作成。

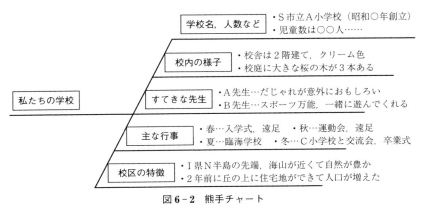

図6-2　熊手チャート

出典：筆者作成。

視点から分析的に検討していくときやアイデアを広げたいときに活用できる。

　こうした思考ツールは，基本的に，考えを「出す」「分ける」「つなぐ」という行為をうながす機能を備えている。頭の中が整理できずにいる子どもや考えが漠然としてはっきりしない子どもが活用すると思考のよい助けになる。

101

【ICT の導入】

ICT とは,「Information and Communication Technology」の略で,情報処理や通信に関係する技術のことを指している。

ICT を導入することによって,たとえばタブレット端末を使って作成した文章を電子黒板やインタラクティブボードのような大型提示装置に投影して教室全体で共有したり,子ども一人ひとりの文章作成の過程を電子データとして保存したり,友達と協働で文章作成をしたりすることができるようになる。図表や写真などの情報を文章中に取り入れたり,効果を考えてそれらを差し替えたり,サイズや配置を変えたりすることも容易である。

また,パソコンやタブレットを用いて文章を作成すれば,推敲作業も楽である。手書きした文章の場合は書き直しの作業が厄介であり,それが子どもの学習意欲を削ぐ一因となっているが,電子データであれば,文字の削除や挿入等を楽に行うことができる。推敲時の負担は明らかに軽くなる。

予算等の問題で,ICT 導入が遅れている自治体もあるが,今後急速に拡充していくことは間違いない。教師は機器の操作やアプリケーションソフトの活用に慣れておくとよい。

3 題材を工夫して書くことに日常的に取り組ませる

(1) 行事作文の連発は避けよう

小学生と話をすると,「作文は嫌い。題材が面白くない」「書きたいという気持ちにならない」という声をよく耳にする。「書くこと」の学習に苦手意識や嫌悪感をもつ子どもの中には,題材に対する魅力を感じていない者も多い。こうしたネガティブな意識は,書くという学習活動を日常化していく際に大きな障壁となっている。書くことへの抵抗感を減らし,記述力を向上させるうえで効果的とされる日常化に向けて,題材は工夫していく必要がある。

子どもが「つまらない」という気持ちを抱くのは,「行事作文」への偏りが原因かもしれない。行事作文とは,遠足や避難訓練,運動会,プール開きなど

第6章 「書くこと」の学習指導

の各種学校行事を題材にして書く文章のことである。書いた文章が学級掲示などに活用しやすいことから，行事の後には必ず書かせるという教師もいる。

　行事の思い出を題材とすること自体は別に悪くはないし，教師としては文章修行のつもりで取り組ませているのかもしれないが，行事があると，それが必ず文章作成の題材になっていくという味気ない展開は避けたいものである。「本を読んだら感想文」という流れと似て，行事のたびに苦手意識や嫌悪感が上塗りされてしまう。気をつけたいものである。

（2）柔軟で日常的な指導によって子どもの書く意欲が高まる

　題材は，指導事項などを踏まえて適したものを選択していく。教科書教材においては確実にそうなっているが，学習という側面を強調するあまり，いくぶん堅苦しい題材が提示されていることもある。書く行為を日常化して，その経験を積み上げていくことを目指すのであれば，わくわくするような題材や緩やかな題材もあったほうが子どもの書きたいという意欲は生まれるし，持続もする。

　たとえば，大喜利やクイズ番組，子どもに人気のアニメなどを参考にして柔軟に考えると，意外性のある魅力的な題材が生み出せる。

　朝の隙間時間などを利用して日常的に短作文を書かせている教師は多いが，彼らはたとえば次頁の表6−4のような題材（高学年向け）を提示して，子どもに文章作成の経験を積み上げさせている。

　こうした短作文において要求する字数は100〜200字程度で十分である。原稿用紙に書かせる必要もない。取り組み始めた頃は，100字程度であっても指定時間内に書き上げられない子どもが散見されるだろうが，次第に記述に慣れて，ほとんどの子どもが時間内に書き上げられるようになっていく。大切なことは，こうしたミニゲームや練習試合のような比較的小さな取組みを確実に継続するということである。日記のようなものでもおもしろい。

　教師の指定した字数や制限時間に子どもが慣れてしまい，また題材の魅力だけでは満足できない状態であるようならば，記述条件を少し加えてみるのも一案である。

103

表 6-4　高学年向け短作文の例

題　材	文章例
大好きな人へのファンレターを書こう	わたしの大好きなおばあちゃん。 　自転車が大好きで，毎朝早くから出かけていたね。畑仕事が趣味であり特技でもあると言っていたおばあちゃん。年中外で仕事をしているから，お肌は日焼けして真っ黒だったよ。「働かざる者食うべからず」これがおばあちゃんの口ぐせでしたね。時には戦争中の辛く悲しい体験を話してくれたおばあちゃん。時には泣いているわたしを優しく励ましてくれたおばあちゃん。 　お願い，わたしのこと思い出して。
新しい国民の休日をつくろう	わたしは，「孫の日」があるといいなと思います。 　父の日，母の日，子どもの日まであるのに，孫の日がないのはおかしいと思います。この日は，わたしたちがおじいちゃんとおばあちゃんにいろんなことをしてもらえます。そして，わたしたちがどんなことをしても，お父さんやお母さんに怒られることはなく，おじいちゃんとおばあちゃんが守ってくれます。 　どうですか。孫の日があったらすてきでしょう？
プールの水が汚れていて中が見えないよ。さあ，水中に何がいる？	学校のプールは，汚れていて下まで見えないんだよ。プールの中には何がいると思う？ 　そこにはね，人食いカエルがいるらしいよ。人食いカエルはプールのそばに子どもが来るのを待っていて，プールに近づいた瞬間にパクって一口で食べちゃうんだ。人食いカエルは体が真っ黒で汚いところが大好き。でもね，汚いところにいるカエルだからきれいなものは嫌いなんだって。だから毎日ちゃんとお風呂に入って体をきれいに洗っておけば食べられないらしいよ。 　汚いプールには気をつけて。人食いカエルはこっそり子どもが近づくのを待っているよ。

出典：筆者作成。

　たとえば，意見文を書く際に文章の構成を頭括型に限定したり，物語をつくるときに会話文から始めるように指示したりする。過去に教科書教材を用いて指導した内容を，記述の条件として提示するというのもよい。

　そうして書き上げた文章は，全員分を掲示して間接的に交流できるようにする。こうすることによって友達の文章に触発されたり，自分の位置を感じ取ったりできる。文章を読んだ者が付箋などにコメントを書いて残せるようにしたり，今週のベスト作品をクラスで決めたりする工夫があると子どものやる気はさらに上昇する。素敵な文章にはごほうびシールを貼ってあげたり，校長先生に協力を依頼して「校長賞」を出してもらったりするのもおすすめである。

第6章 「書くこと」の学習指導

4 他者の文章を分析し良さを実感する場を設ける

「書くこと」領域では，文章作成に結びついた活動を積み上げていくことになるが，「言葉に関する知識を身につける」「言語感覚を養う」ということも忘れてはならない。国語科において子どもが習得していかなければならない〔知識及び技能〕は，次の3項目である。

① 言葉の特徴や使い方に関する事項
② 情報の扱い方に関する事項
③ 我が国の言語文化に関する事項

このうち，とくに「① 言葉の特徴や使い方に関する事項」と「② 情報の扱い方に関する事項」が「書くこと」の学習指導と深く関連している。

①に含まれている「語彙」の項目においては，たとえば，5・6年生の内容として「言葉や文，文章について，その正しさや適切さを判断したり，美しさ，柔らかさ，リズムなどを感じ取ったりする感覚」が重視されている。そうした感覚は良い文章をつくる際に不可欠なものである。また，常体と敬体を使い分けたり（「言葉遣い」），比喩や反復などの表現技法を効果的に用いたり（「表現の技法」）することも重要な基礎力である。

次頁の図6-3は，70歳の女性が新聞に投稿した文章の一部である。文章の題名や冒頭部に目を遣ると恋愛譚かと思ってしまうが，実は違う。意図的に隠してあるAの箇所を読むと，「たかおさん」が男性の名前ではなく，「高尾山」であることが見えてくる。70歳にして山登りの魅力にとりつかれたこの筆者は，高尾山がいかに素敵な山であるかを述べつつ，これからも体力づくりのために頑張って登ることを宣言する展開となっている。

この話の巧みさは，読み手を上手にミスリードして意外性をつくり出している点にある。読み手を文章に惹きつけ，自らが伝えたいことに誘導していくための書き表し方の工夫が，とくに冒頭部分でわかりやすい。尾括型の文章の場合，終盤まで読み手を惹きつけていくためには冒頭の工夫が欠かせないが，こ

105

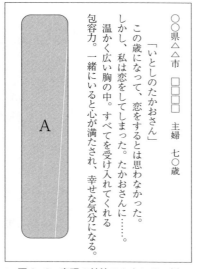

図6-3　表現の技法のおもしろい例
出典：朝日新聞（H24.6.4）朝刊を一部改変。

のような文章の優れている点に気づき，それを友だちと説明し合うことによって，書き表し方を工夫することの重要性を実感させることができるだろう。

　以前，ある小学校を訪問した折，掲示されていたクラス全員の文章の末尾が「――楽しかったです」に統一されており，その安易な表現に驚いた覚えがある。良文に触れることで，そうした事態は少なくなっていくはずである。

　ある意味遊び心の見えるこうした文章は魅力に溢れているが，残念ながら教科書教材として目に触れることはほぼない。そのため，教師は新聞や雑誌，広告などの多様なメディアから探し，必要に応じて指導に取り入れていくとよいし，子どもにも日頃から良文探しをさせるとよい。そうすることによって，文章表現に関わる感性が豊かになっていくはずである。新聞を教育に取り入れていく運動「NIE」（Newspaper in Education）にも通じる学習指導となるに違いない。

　②の「情報の扱い方に関する事項」には，「情報と情報との関係」と「情報の整理」の2項目が示されている。先に示した思考ツールやICTなどを活用しながら取材時に集めた情報を一覧できるように並べたり，分類したり，関係づけたりすることが求められている。文章作成を効率よく，効果的に進めるために重要となる〔知識及び技能〕である。

第6章 「書くこと」の学習指導

5 教師があらゆることを抱え込まないようにする

（1）懇切丁寧な指導が指示待ちの子どもを生むというジレンマ

「書くこと」の指導が一筋縄ではいかず，大きな労力を要するのは，指導の過程において教師と子どもが「1対1」で向き合う状態が連続・継続し，それが教師にとって負担になるからでもある。

書くという行為は基本的に個別的なものである。しかし，教室に最大40人いる子どもの個別の取組みを1人の教師が詳細に見取り，指導していくことは難しい。とくに，それが教師主導の授業であれば，取材や記述にしても，推敲にしても，40人がバラバラの動きをする中で，見落とされてしまう子どもがどうしても生まれてしまう。集中力を途切れさせた子どもや行き詰まった子どもの中には，別のことに目を向け始める者も出るだろう。

また，子ども一人ひとりに丁寧に対応しようとする教師の熱意が，「指示を待ち，与えられたことだけをこなす子ども」を容認することにつながってしまう危険もある。意図せずとはいえ，「とりあえず何かを書いて先生のところに持っていけば，それなりに先生が直してくれる。先生の指示通りに修正をして，また持っていけばよい」という思考に子どもがなってしまうと，指導の熱意に反比例して子どもの活動量は減っていく。教師の負担のみが大きくなり，大変な状態に陥ることは容易に想像できる。

教卓の前に，助言を待つ子どもが列をなしている。また，教師が放課後に個々の文章に修正点を丁寧に書き込んでいる様子。こうしたことが常態化しているのであれば要注意である。これでは子どもの中に十分な学びが生まれない。

（2）複数の学習者がいるという教室状況を上手に活用する

教師と子どもが1対1で代わる代わる対峙し続ける構図を避けるため，子ども自らが自分の文章を見直したり，子どもが頻繁に交流して相互に助言し合ったりするようなシステムを授業の中に構築するとよい。複数の学習者がいると

107

いう教室状況を上手に活用していくということである。これは，推敲のステップだけのことではなく，全指導過程に当てはまる。

　たとえば，図6-4のようなチェックリストを子どもが自由に利用できるようにするだけでも，教師の負担も子どもの意識も変わってくる。このチェックリストは，誤字脱字の有無など，初歩的なことを確認することを狙ってつくられたものである。これを大量に印刷して，教室の隅にでも積み重ねておき，必要なときに必要な人が活用できるようにする。作成した文章を自分でも確認でき，また友達に依頼して確認してもらうこともできる。

　こうした工夫によって，1人の教師が全員分の初歩的なミス等をチェックするという負担は無くなる。と同時に，子どもも記述の際に気をつけるべき点を

作文チェックリスト

6年（　）組　＿＿＿＿＿＿＿＿

書いたものをチェックリストで確認してみよう。
　※友達にも自分の文章をチェックしてもらおう。

	チェック項目 ※OKなら「チェック欄」に「○」を入れよう。	チェック
1	くせのない丁寧な文字で書いているか	
2	句読点（「、」「，」「。」）やカッコ（「 」（ ））などの使い方は適切か	
3	習った漢字を積極的に使っているか	
4	誤字や脱字はないか	
5	まとまりごとに段落を作っているか	
6	事実だけでなく，感じたことや提案が書かれているか	
7	接続する語句（「しかし」「そして」「また」「でも」など）を使って文をつないでいるか	
8	本やインターネットなどで調べてきたことを引用するときには，出典を明らかにしているか	

　※○がついていない項目がキミの弱点！　すぐに直そう。
　※すべてのチェック欄に○がついたら，キミの作文はずいぶん良くなっているはずだ。

図6-4　チェックリストの例

出典：筆者作成。

自己評価や相互評価を通して自然に学ぶことができる。リストのいくつかを空欄にしておき，子ども自身にチェック項目の内容を考えさせるのもよい。

6 「書くこと」の指導時間数は定められている

「書くこと」の学習指導には，下表のように配当時数が決められている。時数の配当とは，1年間に大体何単位時間を「書くこと」の指導に充てなければならないかという割り当てのことであり，教師は留意しなければならない。

	1学年及び2学年	3学年及び4学年	5学年及び6学年
配当時数	100単位時間程度	85単位時間程度	55単位時間程度

ちなみに，国語科の総授業時数は小学校第1学年が306単位時間，第3学年は245単位時間，第5学年は175単位時間となっている。「書くこと」の指導には，これら総時間数の約3分の1を充てることになる。

7 評価は「書くこと」の指導事項の達成状況によって行う

「書くこと」の評価は，単元の目標として取り上げた「書くこと」に関する指導事項の，子どもの達成状況を具体的に把握することである。しかし，評価は，単に「太郎くんの文章はA評価です」「花子さんの考えた構成は30点だ」と決めつけて終わるものではない。達成状況をもとに「それで，どうする？」という思考を教師がもち，状況改善に向けた次の指導を考案することに結びつけていくことが重要なのである。先の項において述べた「引出し」は，こうした評価の，とくに「それで，どうする？」を起点とした取組みの中で活用できるというわけである。このような「指導—評価—次の指導…」という緊密な連動は，「指導と評価の一体化」と呼ばれている。

形成的な評価を行う場合，単元の中の様々なポイントにおいて達成度を把握することになる。単元の最後に行う総括的評価に至るまでに，子どもの達成状

況を小刻みに捉えつつ，それに対して必要な指導を行っていく。1つの単元の中で，指導と評価の一体化が何度も起こり，単元末に向かって子どもの水準が少しずつ高まっていく。

　また，評価は，それによって子ども自身が自らの学びの状況を理解していくもの，そして向上につなげていくものになることが理想である。そのため，「いつ，何を評価するか」「何が，どこまでできるようになればよいか」といった評価の対象や基準などは，教師だけが抱え込み続けるのではなく，クラス内で積極的に共有し，子どもに意識させていく姿勢をもたなければならない。

引用・参考文献
　文部科学省（2017）『小学校学習指導要領　解説　国語編』。
　朝日新聞社『朝日新聞』（2012.6.4）朝刊。

［学習の課題］

(1)　子どもに10分間ほどの時間を与えて短作文を書かせたいと思います。その際に提示する魅力的な題材を3種類考えてください。
(2)　10分間という時間的な制約以外に条件を1つ増やすとしたら，何がよいと思いますか。3種類の題材に加える条件をそれぞれ考えてください。
(3)　上記(1)と(2)を踏まえて，それぞれ200字ほどの文例を作成してください。

【さらに学びたい人のための図書】
大村はま（1968）『やさしい文章教室』共文社。
　　⇨「書くこと」の指導の古典的名著。子どもに対する木目細やかな指導実践が示されている。一度は読んでおきたい。
首藤久義（2004）『書くことの学習支援』東洋館出版社。
　　⇨「場作り」と「個別支援」という2つの側面から書くことの指導を論じている。「書くこと」指導の問題点や作文教育の歴史に関する知識も得られる。
堀江祐爾（2010）『書く力がぐんぐん伸びる！「言葉のワザ」活用ワーク』明治図書。
　　⇨魅力的なワークシートとその活用例が掲載されている。「書くこと」指導の具体的なイメージをつかむことができる。
渡辺雅子（2004）『納得の構造』東洋館出版社。
　　⇨日米の思考様式の違いが整理されており，おすすめの一冊。

（折川　司）

第7章 「読むこと」の学習指導——文学的文章

この章で学ぶこと

　教室で文学を読み，学ぶ意味とは何だろうか。授業でよりよく読むコツや深い解釈を教えることにどれほどの意義があるのだろうか。本章では，文学を読むことの学習で大切なこととして，本を媒介としたコミュニケーションの必要性を強調している。そしてそのために必要な，書かれてあることを理解するための所作について述べている。学習者が自分の頭で考える学習をつくっていくために必要な条件について学ぶ。

1 　文学を読むことの学習で大切なこと

（1）文学の学習の意味

　本を読むということは，即物的ないい方をすれば文字を目で追って理解するということになる。一文字ずつ言葉を理解しながら文の意味を確定していく。さらに，読んでいる間に私たちの頭に様々な考えが浮かぶ。文学であれば登場人物に対して，「うまくいってほしいな」と応援する気持ちになったり，「そんなことをしては駄目だよ」と助言を与えたくなったり，「私だったらそういうことは言わないな」と自分の価値観と比べたり，「どうしてそうなるの？」と疑問を抱いたり，「なるほど！」と納得したり，私たちは読書の過程で様々な思いを抱く。また，情景を映像として思い浮かべたり，物語の出来事と似た経験を思い出したりすることもある。

　これらは，個人の頭の中で起こる出来事である。それを言葉で表現し，他者に伝えてみること，そして他者の解釈や感想を知ることで交流が生まれる。読んでいる過程で生じた出来事を表現し，感想を交流することは，コミュニケー

ション行為だといえる。

　私たちの常識的な発想では，読書は1人で行うものだということになるのではないだろうか。そこにあえて他者との対話を組織して，考えを深めようとしたり，楽しみを感じられるようにしようとしたりする挑戦が，国語科の授業で試みられてきた。そして意義のある授業方法の工夫として，現在まで受け継がれてきた。

　読むことの学習において他者との対話のもつ意味について，児童にとっての食事の意味から類推してみよう。食事は，第一に人間の生命活動に必要な栄養を摂るための行為である。とくに児童にとって健康的な成長を促すうえで大切である。第二に，おいしい料理を食べることは食欲が満たされるだけでなく，満足感が得られる行為であるということである。だから私たちはよりおいしい食事を求めるようになる。第三に，食事は家族や友人とにぎやかに食べることで楽しみを感じる行為である。私たちの多くは，1人で黙々と食べるよりもみんなで食べることを好み，そこに充実感を抱く。児童の多くも食事をしながらの友達とのおしゃべりを楽しみに給食の時間を毎日待ち焦がれる。

　このように考えると，読書の意義とよく似ていることに気がつく。読書も著者の考えに学び，知識を獲得するという本来の意義に加え，本を読むこと自体に楽しみや感動が求められるようになる。やがて，同じ本を読んだ仲間と語り合うような本を媒介としたコミュニケーションが生まれることで，充実感を覚えるという文化的な側面の意義が認識されるようになる。だから文学を読むことの学習も，単に本を読むということを指すのではなく，社会の読書文化に参加するという意味合いをもっている。

（2）新学習指導要領の指導事項

　現在，知識・技能を習得し，それを活用することで思考力・判断力・表現力を育て，学びに向かう力や人間性を養っていくということが教科の学習の基本的なモデルとなっている。国語科ではとくに思考力・判断力・表現力の育成が中心となる。文学を読むことの学習の場合，思考力・判断力・表現力とは作品

の深い解釈を教師が導くことであったり，よりよく読めるスキルを身につけることであったりするのではなく，学習者がコミュニケーションの中で自分の頭で考え，判断し，表現することを通じて育つ力なのである。

　新学習指導要領では，文学教材に関する読むことの指導事項については，各学年で4項目あげられている。それぞれ学習過程に沿って，構造と内容の把握，精査・解釈，考えの形成，共有という構造になっている。学習過程の明確化のために構造化されているが，順序を示すものではないので提示された通りの順番で扱う必要はない。

〈構造と内容の把握〉
第1学年及び第2学年
　　イ　場面の様子や登場人物の行動など，内容の大体を捉えること
第3学年及び第4学年
　　イ　登場人物の行動や気持ちなどについて，叙述を基に捉えること
第5学年及び第6学年
　　イ　登場人物の相互関係や心情などについて，描写を基に捉えること

　構造と内容の把握は，叙述を基に展開を捉えたり，内容を理解したりすることを指している。理解する対象は，「場面の様子や登場人物の行動など」（1・2学年），「登場人物の行動や気持ちなど」（3・4学年），「登場人物の相互関係や心情など」（5・6学年）となっている。叙述や描写といった言葉があるように，3学年以降では，教材の言葉を根拠として理解を形成していくことが求められている。

〈精査・解釈〉
第1学年及び第2学年
　　エ　場面の様子に着目して登場人物の行動を具体的に想像すること
第3学年及び第4学年
　　エ　登場人物の気持ちの変化や性格，情景について，場面の移り変わりと結び付
　　　　けて具体的に想像すること
第5学年及び第6学年
　　エ　人物像や物語などの全体像を具体的に想像したり，表現の効果を考えたりす
　　　　ること

113

精査・解釈は，構成や叙述などに基づいて，具体的に想像することを指している。その対象は，「登場人物の行動」（1・2学年），「登場人物の気持ちの変化や性格，情景」（3・4学年），「人物像や物語などの全体像」（5・6学年）となっており，5・6学年ではさらに「表現の効果」を考えることとなっている。「場面の様子」（1・2学年）や「場面の移り変わり」（3・4学年）とあるように，どのような状況なのかを手がかりとして想像することが求められている。

〈考えの形成〉

第1学年及び第2学年

 オ 文章の内容と自分の体験とを結び付けて，感想をもつこと

第3学年及び第4学年

 オ 文章を読んで理解したことに基づいて，感想や考えをもつこと

第5学年及び第6学年

 オ 文章を読んで理解したことに基づいて，自分の考えをまとめること

考えの形成は，理解したことに基づいて，自分の既有の知識や体験と結びつけて感想をもったり考えをまとめたりすることを指している。具体的には「感想をもつ」（1・2学年），「感想や考えをもつ」（3・4学年），「自分の考えをまとめる」（5・6学年）となっている。この事項はイ，エと異なり，説明的文章の学習と共通の指導事項となるが，文学を読む学習でも自分の考えをもつことが求められている。

〈共有〉

第1学年及び第2学年

 カ 文章を読んで感じたことや分かったことを共有すること

第3学年及び第4学年

 カ 文章を読んで感じたことや考えたことを共有し，一人一人の感じ方などに違いがあることに気付くこと

第5学年及び第6学年

 カ 文章を読んでまとめた意見や感想を共有し，自分の考えを広げること

共有は，自分の考えを表現し，互いの考えを認め合ったり，比較して違いに気

第7章 「読むこと」の学習指導──文学的文章

づいたりすることを指しており，それによって自分の考えを広げていくことを目指している。共有する内容は，「感じたことや分かったこと」（1・2学年），「感じたことや考えたこと」（3・4学年），「意見や感想」（5・6学年）となっている。共有の事項は小学校で重点的に育成する思考力，判断力，表現力となっている。

　こうした指導事項で示された力を，学習活動を通じて育成することが国語科の学習で求められている。

［ 2 ］　書かれてあることを理解すること

（1）『白いぼうし』を例として

　書かれてあることを書かれてあるとおりに理解することは思いの外難しい。小学校4年生の教材の『白いぼうし』（あまんきみこ，光村図書，平成29年版4年生 上）の末尾に「それは，シャボン玉のはじけるような，小さな小さな声でした」という文がある。

　「それ」というのは，「よかったね」「よかったよ」「よかったね」「よかったよ」という声である。「シャボン玉のはじけるような」声とはどのような声なのだろうか。まず気がつくのはとても小さな声だということである。なるほど，「小さな小さな声でした」と書いてある。ではシャボン玉がはじける音はどのような音なのだろうか。

　そもそもシャボン玉のはじける音は聞こえるのだろうか。聞こえないのではないだろうか。シャボン玉がはじける時，音は聞こえないけれど，頭の中で「ぱちん」と音がしているのではないだろうか。主人公（松井さん）もここで本当に声が聞こえたのではなくて，頭の中にそんな声がしたような気がしたのではないだろうか。

　体験を思い出しても解決しないので，実際にシャボン玉をつくり，音を聞いてみた。すると音が聞こえる。「ぱちん」ではない。「ぱ」「ふぁ」という音が，確かに聞こえる。ただ眺めていても聞こえないが，対象のシャボン玉を決めて，耳をすませていると，はじける瞬間に音が聞こえる。

115

どうやら松井さんの頭の中だけで聞こえた声という理解では苦しいようだ。「シャボン玉のはじけるような」声は，実際の音として松井さんに聞こえたのかもしれない。それはとても小さな声で，耳をすませて初めて聞こえる程の声だったのだろう。

　『白いぼうし』の「シャボン玉のはじけるような」声を考えることは，松井さんが実際に聞いた声がどのようなものかを考えることだった。「ような」という助動詞に注目し，「同類の物事をあげて，その性質・状態などについて述べる」（大辞林）という意味から，松井さんの聞いた声をシャボン玉の音で確かめようとした。松井さんの聴覚の体験を，実際に確かめ，想像することで，彼が聞いたものを実感的に理解しようとするものであった。

　この『白いぼうし』のように，登場人物の体験を考えることで，実感を伴う想像の経験を学習者にもたらす方法として視覚に注目する視点論がある。宮崎（2008）は，物語の中に仮想的な自己を派遣し視点を設定することで，読者にとっての他者である登場人物の心情を実感的に理解することができると述べた。彼はこれを「〈見え〉先行方略」と名づけ，西郷竹彦の視点論や武田常夫の『次郎物語』の授業などを例にあげながら説明した。「この時の登場人物はどんな気持ちだったでしょう」といった直接心情について問うことでは困難だった他者の心情の読み取りが，「よごれてしまったにぎり飯…，いったい，このにぎり飯は，どういうにぎり飯だったのだろう。のりまき，ごましお，それとも，まっ白なおにぎり？」といった「次郎」に見えたものを想像することで，学習者が具体的に登場人物の心情を読みとることができた。宮崎は言語に表現できないような心情のあり方を，直接接近できる〈見え〉に関わる知識から考えることで，具体的に理解できるようになると述べている。そして心情を直接問うことに比べて「〈見え〉先行方略」の優位性を主張した。

　ここで追求されているのは，登場人物の心情を実感的に理解するために，書かれていることを手がかりとして，状況を想像するという思考である。書かれていないことを想像する行為と書かれてあることから想像する行為とは排他的な関係ではなく，相補的に理解を成り立たせている。

第7章 「読むこと」の学習指導——文学的文章

（2）『世界一美しいぼくの村』を例として

　小学校4年生の『世界一美しいぼくの村』（小林豊，東京書籍，平成29年版4年生 下）を教材とした授業の様子を見てみよう。この授業のめあては「動作の表れた言葉に注目して，動きを想像しながら，グループで話し合う」だった。各自で人物の動きを表す言葉のある文を選び，それをグループでどのような動作なのかを話し合い，最後にクイズを行った。各グループの代表者が順番に声を出さずに動きを表現し，他のグループの学習者はどの文の動きかを探した。

　動きを想像することで，学習者がどのような理解をつくっていったのか，話し合いの記録を見てみよう。

　あるグループが検討したのは「でも，だれもふり向いてくれません」という文だった。振り向かない動きはすぐに思いつくのだが，学習者は

　C4：「でっかい声で言ったのに，んー？　動作がわかんないよ」

　C2：「みんなの動作わからへんよな」

といった発言のように，動作を想像することが難しい様子だった。確かに「てくれません」からわかる嫌な気分だったりがっかりしたりするヤモの様子を，振り向かない動きで表現することは難しい。そこで授業者が

　T：「じゃあね，『ふり向いてくれません』って，『ふり向きません』と同じような意味ですよね。『ふり向きません』と『ふり向いてくれません』ってどう違いますか？」

と投げかけ，学習者2人のペアに動きを実演してもらった。学習者は悩んだ末に

　C2：「えっと，怒るしかない」

　C2：「怒るか，C1さんをほっとくか」

　C1：「あはは」

　C2：「そう，あきらめるか，ほな，もうこっちこそ呼べへんっていう気分」

と考え，呼びかけた後あきらめたり，むっとして少し怒ったりする動きを導いた。このグループは授受表現の「てくれません」を，呼びかけたヤモの動きで表現した。

117

次に，別のグループが検討したのは「しかたなくヤモは，ポンパーに引っぱられるようにして屋根つきバザールに行きました」という文だった。学習者が

　　C3：「動作は，引っぱられるようにやから，ポンパーの首についてる縄を持って，えーとこうぐいぐいぐいぐいヤモが，ヤモがちょっと待って，みたいな感じで，ついて行ってるという感じです」

と表現したように，この文もすぐに動きが想像できる。まるで犬と散歩する時のように，ポンパーにぐいぐいと引っ張られる様子を想像するのは難しくない。授業者はここで，

　　T：「今C3くん，動きも言ってくれたね。動作を表す言葉ってどれだろう。指さしてみて」

　　C4：（「引っぱられるようにして」を指さす）

と言葉を確認したうえで，

　　T：「『ポンパーに引っぱられるようにして行きました』と『ポンパーに引っぱられて行きました』だとどう違うかな？」

と投げかけた。助動詞の「ように」のあるなしで動きがどう変わるかは難問である。ここでの「ように」は二種類の可能性がある。まるで引っ張られるかのような動きで行ったという喩えの意味と，ヤモが自分から引っ張られるように行ったという目標を表す意味である。どちらにしても，1人でさくらんぼを売ることになって，気が進まないヤモの重い足取りが表されている。人間が犬に引っ張られるように，本当にヤモがポンパーにぐいぐい引っ張られているわけではないのだろう。学習者は，

　　C2：「引っ張られるようにやから，引っ張られてはいない」

　　C3：「引っ張られるんじゃなくて，ちょっとだけ歩きで行った」

　　C3：「少し引っ張られたけど，自分でちょっと歩く。引っ張られるは，もうぐわーってなる」

と考えた。そして，

　　C1：「なんか頭が回転しそう」

と必死で言葉の意味を考える中で，

C3：「引っ張られるは，やってもいいんかな？こういう感じで，ロバやったら」と全員が教室の空いたスペースを利用して動きを演じ始めた。学習者は悩んだ末に，程度の違いとしてぐいぐいではなくトコトコといった引っ張られる動きを表現した。

このほかのグループでも，たとえば「勇気を出して呼んでみました」について話し合う中で，

C1：「はい。えっと，なんて言うの？緊張してる時とかも，深呼吸したらな，ふぅーって落ち着くやんか。そのように，こうやって（動作）」

C2：「あー，大きく息をする」

といったやりとりのように，言語化できないヤモの心情を動きを考えることで実感的に理解している場面が確認できた。どの班でも「なるほどー！」「あー！」といった納得を示す発言が現れており，動作を表す言葉に着目することで学習者の理解が深まっていくことがわかった。

動作を表す言葉に着目し，動きを想像するという課題は4年生にとって平易な活動である。実際すべてのグループですぐに様々な動きが提案された。しかし書かれてあることを書かれてある通りに理解するという条件が加わると途端に難しくなる。「てくれません」や「ようにして」に注目して動きを想像することで，C1：「なんか頭が回転しそう」といった発言にみられるように，言葉の意味を必死で考える活動となる。

動作を表す言葉に着目して，動きを考えることは，記号と存在との関係を結ぼうとする理解行為である。こうした理解行為は，言語化できない登場人物の心情を実感的に理解できるようになるところに意義がある。

――――[3]　「読むこと」の落とし穴

（1）「わかったつもり」

新美南吉が書いた童話『ごんぎつね』の中に次のような文がある。

> ごんは，見つからないように，そうっと草の深い所へ歩きよって，そ
> こからじっとのぞいてみました。

　この文の言葉を一部削除し，たとえば次のように書かれていたとしても，私
たちはあるいは同じ意味だと理解するかもしれない。

> ごんは，見つからないように，（　　）草の深い所へ歩（いて），そこ
> から（　　）のぞ（きました）。

　もし同じ意味だと感じるならば，私たちがそれらの表現を読み飛ばしている
ということである。「そうっと」とあるので，ごんはこっそりと注意深く静か
に行動した。「そうっと」がないと，素早く歩きよったように思えるが，「そ
うっと」があることで，ゆっくりと歩きよったことがわかる。また「歩きよっ
て」とあり，「よる」は近づくという意味なので，歩いて近づいた。つまりご
んは，抜き足差し足といった動作で，音をたてないようにゆっくりと静かに注
意深く近づいた。胸をどきどきさせながら，神経をはりつめていただろう。行
動描写に注目して実際にどのような動きをしたのかと想像するとき，読者は登
場人物の気持ちを実感的に理解できる。
　もう1つ例をあげてみよう。「ごんぎつね」の末尾に次のような一文がある。

> 青いけむりが，まだ，つつ口から細く出ていました。

　この文の言葉を削除し，たとえば次のように書かれていたとしても，私たち
はあるいは同じ意味だと理解するかもしれない。

> 青いけむりが，（　　）つつ口から細く出ていました。

　もし「まだ」という言葉を削除してみても，同じ意味だと感じるならば，私
たちはこういった表現を読み飛ばしているということになる。「まだ」という
言葉は，予想していた状態とは異なっているという判断を意味している。青い
けむりが「まだ」出ていたのだから，話者はけむりがもう出ていないと思って

いた。ところが見てみると，けむりが出ていた。長い時間がたったように思われたが，実際にはわずかな時間しか流れていないことに気がついた，という意味が「まだ」という言葉からわかる。

では誰が「まだ」と感じたのだろうか。第6場面は兵十の視点に切り替わっているので，兵十が「まだ」と感じている。今まで不思議だった，くりやまつたけをくれたのがごんだと知った兵十は，混乱し，走馬燈のように様々なことが思い出され，長い時間が経ったように感じた。けれども，ふと火縄銃を見ると，すでに出ていないと思っていた青いけむりが細く出ているほど，わずかな時間しか経っていなかった。

私たち読者はすべての言葉を正確に理解していなくても読めたと考える。しかしそこで理解したと思っているものは，あらすじであって，多くの情報を読み飛ばしている。読み飛ばしてしまいやすい言葉の意味こそが，読解において重要な手がかりとなる。

私たちが部分の表現を読み飛ばしてしまいがちであることを，心理学の立場からわかりやすく言い当てているのが，西林（2005）である。彼は，文章理解の障害となっているのは，文章が「わからない」ことではなくて，読者が「わかったつもり」になって，わからない部分が見つからないところにあるという。

　　後から考えて不充分だというわかり方を，「わかったつもり」とこれから呼ぶことにします。再度繰り返しますが，この「わかったつもり」の状態も，ひとつの「わかった」状態ですから，「わからない部分が見つからない」という意味で安定しているのです。わからない場合には，すぐその先の探索にかかるのでしょうが，「わからない部分が見つからない」ので，そうしようとしないことがほとんどです。

　　「読む」という行為の障害は，「わからない」ことだと一般には考えられています。このことは，「わからない」から「わかる」に達する過程では，そのとおりです。

　　しかし，「わかる」から「よりわかる」に到る過程における「読む」という行為の主たる障害は，「わかったつもり」なのです。「わかったつも

り」が，そこから先の探索活動を妨害するからです。

　私たちは，母国語についての熟達者です。小学生ともなれば，普通はかなりの程度の熟達者です。したがって，ある程度は「読める」のです。そのような人たちが自ら「よりよく」読みたいと考え，またそのような人たちに対して文章理解の向上を援助しようと考えるなら，「わかったつもり」という状態の存在をはっきりと意識することと，それからの脱出をいかに図るかをはっきり認識しておかなければならないのです。

西林は，それ以上わかろうとせず，不充分な理解が続いていくことで，いかに私たち読者が部分を読み飛ばして，わかったつもりになっているかを各種の実験によって解き明かしている。

（2）「わかったつもり」からの脱出

　では，部分の「わかったつもり」という状態の存在をはっきりと意識し，脱出するにはどうしたらよいのだろうか。たとえば，読み飛ばしてしまいやすい言葉の意味に注目することが一つの方法となる。「ごんぎつね」の次の一文を巡って教室で話し合う徳島県郡里小学校の実践を取り上げたい。この授業では「うちの中を見ると，土間に，くりがかためて置いてあるのが目につきました」という文を巡って話し合いが行われた。

　児：先生，ちょっと待ってよ。それもな，家の中にくりがかためておいてあるんだろ。だからな，バラバラに置いて「はい，食べえ」というんじゃないんだろう。かためて置いてあるというんじゃきになあ。二四ページの後から六行目にな。「いつもは赤いさつまいもみたいな元気のいい顔が，きょうはなんだかしおれていました」って書いとるだろう。じゃきに，こんどは，早うな，兵十にな，赤いさつまいものようになってな，このくりも食べて元気になってくださいという気持ちでな，このくりをかためて置いてあったんじゃないか。（そうやな）

　　―中略―

　児：それにな，くりとまつたけを，前に兵十の家へ持って来てやったで―そ

れは，とるにも苦労したでえ。兵十の顔がな，おっかあが死ぬ前の，も
とどおりの顔にしたかったんだろう。そやけんな，ここでくりをかため
て置いとったんとちがうか。（うーん）

児：愛情があるけんこそな，くりをかためて置いてあるんとちがうか！（そ
う，うん）

児：だからな，このくりにはな。ごんのやさしい心がな，いっぱい入ってる
と思う。（うん）

教：うん。それが「かためて」だろうな。

児：ほやきに，兵十はな。「おや」と言うとるだろう。ほやきんな，この時
な…（絶句して，すすり泣き……ほかの子どもたち，つぎつぎと泣き出す。参
観者も…。間）

（佐古田，1980，52～55頁）

　府川（2000）は，この実践を「疑似家族としての学級集団は，感動的な文学
作品を媒介にして，より強固な結びつきを作り出していく」授業の典型として
紹介している。一方で現在では成り立ちにくい授業としても指摘しているのだ
が，この授業場面から気づくことがある。過去も現在も，私たちが最も打たれ
強い解釈を最も優れているとみなす暗黙の規則を共有している，という事実で
ある。打たれ強い解釈とは，たとえば「家の中にくりがかためておいてある」
というような，打たれ強い根拠をもっている。だから，「このくりも食べて元
気になってくださいという気持ちで」かためて置いたのだ，ごんのやさしい心
が，愛情が込められている，という解釈に納得して，すすり泣くことができた。
いわしのときは，うら口から投げ込んだのに，最後には，うちの中に入って，
かためて置くまでになっている。

　学習者は解釈を支える根拠を本文中に見つけようとする。現在の授業と目指
すかたちこそ違えども，私たちは現在でも，最も打たれ強い解釈を最も優れて
いるとみなす暗黙の規則を共有し，タフな解釈を教室で生み出そうとする営み
を行っている。

　ただし，解釈において言葉を指差すだけでは十分とはいえない。言葉の意味

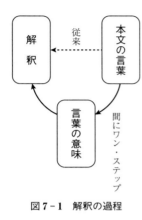

図7-1 解釈の過程

に言及して解釈を説明することが重要である。図7-1は言葉を根拠とした解釈と，言葉の意味を論拠とした解釈との差異を図示したものである。

たとえば「家の中にくりがかためておいてあるんだろ」（本文の言葉），「じゃきに，こんどは，早うな，兵十にな，赤いさつまいものようになってな，このくりも食べて元気になってくださいという気持ちでな，このくりをかためて置いてあったんじゃないか」（解釈）という話形は，多くの教室でなじみ深いものである。しかしこうした話形ではほかの学習者が理解しにくく，対話が成立しにくい。なぜその本文の言葉からその解釈が紡がれるのかが説明不足で，賛成とも反対とも判断がつかないためである。

対照的に，「家の中にくりがかためておいてあるんだろ」（本文の言葉），「バラバラに置いて『はい，食べえ』というんじゃないんだろう。かためて置いてあるというんじゃきになあ」（言葉の意味），「じゃきに，こんどは，早うな，兵十にな，赤いさつまいものようになってな，このくりも食べて元気になってくださいという気持ちでな，このくりをかためて置いてあったんじゃないか」（解釈）といった，間に言葉の意味を言及する話形にすることで，ほかの学習者に解釈が明解に伝わる。「なるほど」という反応や，「いや，それは違うんじゃないか」といった異議申し立てが生まれる。このように，本文の言葉の引用と解釈との間に，言葉の意味に言及するワン・ステップを挟むことで，解釈が明解になり，対話を促すことができる。

読み飛ばしてしまいやすい言葉に注目することで，「わかったつもり」になるという課題を克服できる。また，言葉の意味に言及しながら解釈を述べることで，学習者一人ひとりが解釈を話し，反応を得て，仲間の解釈を聞くという対話の授業を開発することができる。言葉の引用と言葉の意味に言及することで，学習者の考えはほかの学習者に伝わりやすくなる。

第7章 「読むこと」の学習指導——文学的文章

4 文学を読む楽しみ

（1）主題について

　文学は人間と人間を取り巻く社会を描いている。そして文学には社会学，心理学，哲学，歴史学などの分野で扱われる主題や問題領域が描かれる。だから私たちは文学を読みながら主題について考えることとなる。

　しかし，文学は学問と異なり抽象化された概念を直接語るわけではなく，特定の状況の個人的な経験が，具体的な出来事として描かれる。作者がたとえ愛を主題として著した文学であっても，愛という概念を直接語ることはない。したがって文学を読むことは，愛という言葉を使わずに愛について考えるというような行為となる。

　同様に文学をめぐって対話する場合も，抽象的な主題について考えながら，具体的な出来事について言及するというかたちになる。いたずらに概念の抽象度を上げて，直接言葉でつかみ取ろうとすると観念的で空虚な対話となってしまう。あくまで具体的な話を心がけることで文学をめぐる対話は生き生きとしたものとなる。

　読書会を題材とした小説を例として見てみよう。カレン・ジョイ・ファウラーの『ジェイン・オースティンの読書会』（白水社，2006）は，それぞれに生活の悩みを抱える6人の男女が，ジェイン・オースティンの6作の小説を読み合う話である。オースティンの小説には男女のすべてが描かれているということで行われる読書会では，それぞれの参加者が人間の生き方や男女の関係といった主題について考えながらも，参加者の対話の中では，オースティンの小説の人物の具体的な言動について評価をしたり，意味を考えたりといったことが行われる。

　文学を読む時，具体的な出来事について言及していくことで，誰もが抱えている人間の問題について考えが深まっていく。対話の中でそうした特徴が生かされるとき，文学を読む楽しみを実感することになる。したがって文学について話をするときには，可能な限り具体的な水準で発言していくことが大事である。

（2）登場人物の気持ち

　文学を読むことの特徴は，国語科の授業であっても同じである。人間について考えながらも，具体的な人物の言動について取り扱っていく。そこでしばしば取り上げられるのが登場人物の気持ちである。

　文学では「うれしい」「かなしい」「きれいだ」といった形容詞や形容動詞などで直接気持ちが書かれることは多くない。「うれしい」ことを「うれしい」という言葉を使わずに表すことが文学的な表現として優れているとされる。

　ところが安易に「このときのごんはどんな気持ちでしたか」と問うことは，手がかりのない状態で想像することを学習者に求めることになり，気持ちを実感的に理解できないため，混乱した状況を生み出す。文学には必ず人物の気持ちが描かれており，しかしその気持ちは直接表現されていない。この葛藤の中で，読者は間接的に気持ちが表現された言葉を手がかりとして理解しようとする。

　物語の言葉は，地の文と会話文の2種類に分類される。さらに地の文は説明と描写の2種類に分けられる。説明と描写を文法的に識別することは難しいが，たとえば「ごんぎつね」では次のようになる。

　〈説明〉

> 　その中山から，少しはなれた山の中に，「ごんぎつね」というきつねがいました。ごんは，ひとりぼっちの小ぎつねで，しだのいっぱいしげった森の中に，あなをほって住んでいました。そして，夜でも昼でも，辺りの村へ出てきて，いたずらばかりしました。畑へ入っていもをほり散らしたり，菜種がらのほしてあるのへ火をつけたり，ひゃくしょう家の裏手につるしてあるとんがらしをむしり取っていったり，いろんなことをしました。

　〈描写〉

> 　雨が上がると，ごんは，ほっとしてあなからはい出ました。空はからっと晴れていて，もずの声がきんきんひびいていました。

第7章 「読むこと」の学習指導——文学的文章

　説明の文が「〜でも〜でも」「〜たり〜たり」に見られるように要約となるのに対して，描写の文は実況中継といった表現となる。読者は説明，描写，会話の3種類の文を手掛かりに物語を読むが，それぞれの文で読み取ることのできる情報は異なっている。物語の言葉を整理したものが図7-2である。

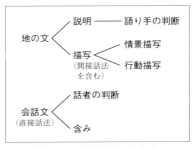

図7-2　物語の言葉の分類

　図7-2の右側の項目が，登場人物の気持ちを理解する手がかりとなる概念である。たとえば情景描写について，西郷（1989）は，「情景描写の〈情景〉とは，〈情〉と〈景〉ということである。文章表現における〈情景〉とは，まさしく〈情〉によって捉えられた〈景〉，もしくは〈景〉によって動く〈情〉を意味している。情景描写とは単なる風景の再現ではない」と指摘している。つまり情景描写には誰のどのような〈情〉が描かれているのかを探ることが重要となる。

　たとえば「空はからっと晴れていて，もずの声がきんきんひびいていました」という情景描写について考えてみる。この描写は穴からはい出てきたごんの目に見えた景色である。西郷の言葉で〈内の目〉ということになる。

　「からっと」とあるので，明るくさわやかな様子で，空が気持ちよく乾いている。雲もなくひろびろとした空の様子が想像できる。同じ空を見ても「からっと」と感じるのは，見ている人物の気持ちも晴れ晴れとしているためである。ごんの〈内の目〉を通した描写なので，ごんの気持ちも晴れ晴れとしているのだろう。情景描写を誰がどのように見ているのかと想像する時，読者は登場人物の気持ちを実感的に理解できる。宮崎の「〈見え〉先行方略」など，情景描写の解釈の問題は登場人物の気持ちを実感的に理解する方法として探究されてきた。

　文学を読む楽しみは，描かれた具体的な出来事について言葉を交わす中で生まれてくる。学習者は，ごんの話をクラムボンの話を具体的にしている中で，様々な主題について，人間についての大事な問題について考えている。文学で

対話の学習を考えるにあたって大切なことは，描かれた具体的な出来事について考えていくことである。

5 文学を読むことの意義

　ここまでのまとめとして，最後に学習者が文学を読むことの意義について考えてみよう。「子どもの読書活動の推進に関する法律」の第二条には，子どもの読書活動の基本理念が示されている。そこには，「子どもの読書活動は，子どもが，言葉を学び，感性を磨き，表現力を高め，創造力を豊かなものにし，人生をより深く生きる力を身に付けていく上で欠くことのできないもの」とある。端的ではあるが抽象的な記述であるので，それぞれ具体的に考えてみよう。

　読書によって言葉を学ぶことは，とくに書き言葉からの獲得を指しているが，難語に限らない。たとえば，「ごんぎつね」を例に考えてみると，作品中に「ふと見ると」という表現がある。意識して見ようと思ったわけではないが，思いがけず見た様子を表す「ふと」という言葉のように，生活の中では聞き流してしまいがちな平易な語りの言葉こそ読書によって獲得されていく。

　感性は，美醜や良し悪し，好き嫌い等の印象を直感的に抱く能力である。たとえば「ごんぎつね」にはごんが葬列を眺める場面がある。「墓地には，ひがん花が，赤いきれのようにさき続いていました。と，村の方から，カーン，カーンと，かねが鳴ってきました」といった描写から，読者は赤いひがん花の映像や，鐘の高い音色を想像する。葬式の厳粛な雰囲気の中の美しさといった，言葉で的確に言い表すことの難しいイメージを経験することができる。詩や小説，物語等の文学の読書は，描かれた内容を追体験することで感性を磨く経験となる。

　表現力を高めるには，何より表現することが大切であるが，様々な表現に触れ，用例を知ることも不可欠である。たとえば「うちの中を見ると，土間にくりが固めて置いてあるのが，目につきました」という一文に，「目につきました」という表現がある。「目に入りました」や「見えました」といった類義語と異なり，くりが目立っていて，見ようと思ったわけではないが，自然と視界

第7章 「読むこと」の学習指導——文学的文章

に入ってきた様子がわかる。類義語の中から適切な言葉を選んで説明する為に，様々な表現に触れる読書の機会は重要である。

　創造力は，新たなものを生み出す力であるが，無から有を生み出すというよりも，一般に類推（analogical reasoning）が重要な働きを担っていると考えられている。たとえば『スイミー』（レオ・レオニ）を読み，みんなで協力して大きな魚のふりをすることで，まぐろを追い出したスイミーの知恵に出会ったとする。水泳の授業中，児童らは，自分たちをプールにドッボーンと投げ込む教師をやっつけようと，みんなで教師の背中や手足に飛びつき，やがて教師を水の中にしずめることに成功した。児童らは，自分たちを小さな魚の兄弟たちと見立て，教師をまぐろに見立てることで，新たな遊びを創造したのだといってよい。読書によって創造のリソースを獲得し，生活に拡張することができる。

　これらの読書の意味を通じて，人生をより深く生きる力が身についていくのだろう。言葉を学び，感性を磨き，表現力を高め，創造力を豊かなものにしていく中で，自分の人生を言葉でつかみ，切り開いていく力が身についていく。読書を続けることで，自分の頭で考えてから行動していく人間になるであろうし，文学の学習を通じてそうした学習者を育てていくことになる。

引用・参考文献

カレン・ジョイ・ファウラー（2006）『ジェイン・オースティンの読書会』白水社。

木俣敏（1989）『スイミーの授業』桐書房，149～150頁。

西郷竹彦（1989）『法則化批判』黎明書房，176頁。

佐古田好一編著（1980）『子らのいのち輝く　郡里小学校の同和教育と文学の授業』部落問題研究所，52～55頁。

西林克彦（2005）『わかったつもり　読解力がつかない本当の原因』光文社新書，40～41頁。

府川源一郎（2000）『「ごんぎつね」をめぐる謎』教育出版，131～132頁。

宮崎清孝・上野直樹（2008）『視点』東京大学出版会，101～179頁。

レオ・レオニ，谷川俊太郎訳（1986）『スイミー』好学社。

学習の課題

(1) 「大造じいさんとがん」（椋鳩十）について，あなたは何を考え，どう読むだろうか。自分の頭で考えて600字の文章にまとめてみよう。

(2) 「大造じいさんとがん」の中に次のような情景描写がある。
「秋の日が，美しくかがやいていました」「あかつきの光が，小屋の中にすがすがしく流れこんできました」「東の空が真っ赤に燃えて，朝が来ました」
それぞれの情景描写から大造じいさんの心情は分かるだろうか。それともここからは読み取れないだろうか。それはなぜだろうか。

(3) また，大造じいさんが次のように呼びかける場面がある。
「『おうい，ガンの英雄よ。おまえたちみたいなえらぶつを，おれは，ひきょうなやり方でやっつけたかあないぞ。なあ，おい。今年の冬も，仲間を連れてぬま地にやって来いよ。そうして，おれたちは，また堂々と戦おうじゃないか。』大造じいさんは，花の下に立って，こう大きな声でガンによびかけました」
ここで大造じいさんの言う「ひきょうなやり方」とはどのようなやり方だろうか。また堂々と戦うとは，どのような戦い方だろうか。そして大造じいさんはなぜがんに向かって大きな声で呼びかけたのだろうか。

【さらに学びたい人のための図書】

西郷竹彦（1968）『教師のための文芸学入門』明治図書。
⇨読むことの理論と具体的な解釈が分かりやすく述べられている。古い本だが図書館で探してほしい。

児童言語研究会編（2006）『今から始める一読総合法入門』一光社。
⇨指導の方法まで明快にまとめられている。ここで述べられている指導法の意義と課題について考えてみることで現代の読むことの授業を考えるヒントが得られるだろう。

田中実・須貝千里編（2001）『文学の力×教材の力』教育出版。
⇨小学校編1年から6年，および理論編の7冊。教材の読み方の具体が示されている。筆者と対話しながら自分の読みをつくっていこう。

（寺田　守）

第8章 「読むこと」の学習指導——説明的文章

この章で学ぶこと

　学習指導要領の意義を踏まえたうえで，新学習指導要領における国語科学習目標（指導事項）の概略を知る。新学習指導要領における指導事項は，「学びに向かう力」「人間性等」「知識及び技能」「思考力，判断力，表現力等」とに分かれている。それぞれの内実について学んだうえで，説明的文章教材ではどうなるかを知る。さらに，このことを踏まえた教材研究と単元づくりを具体的な教材を使って学び，低学年・中学年・高学年における説明的文章教材の授業づくりと単元構想の留意点を知り，授業づくりができるようになることを目指す。

1 　学習指導要領の意義

　学習指導要領は，日本の教育において公共性を担保するものである。それだけではなく，学習指導要領はいろいろなヒントをくれる。実際の教育現場では，教科書の手引きや指導書などに頼って授業をつくることが多い。しかし，長年掲載され続けている教材でも，3〜4年毎の教科書改訂で手引きや指導書が変わっていく。そのため，教科書改訂のたびに授業を変えていかなければならなくなる。しかし，学習指導要領は，つくられると少なくとも10年は変えられることはない。したがって，学習指導要領をしっかり使いこなすことができれば，安定した授業づくりができる。

　それでは，具体的にどのように学習指導要領を使いこなせばいいのだろうか。そのことを考えるために，まず，授業をつくるうえで欠かせない構成要素を把握しておく必要がある。「読むこと」の授業をつくる構成要素は主なものとして次のものがある。

131

- 学習目標（指導事項）
- 教材（教科書教材，教科書以外の書籍などの教材）
- 言語活動
- 授業方法（手だて）

　これらの構成要素を把握したうえで，学習指導要領をどう使いこなして授業をつくっていくか，その他の構成要素はどのように考え組み合わせていくかについて明らかにしていく。

2　学習目標（指導事項）

（1）学習目標の分類

　最初に，学習目標について考える。国語科の授業づくりにおいては，学習目標の設定が最も重要である。学習目標とは，その授業や単元でつけるべき力を表すものである。新学習指導要領では，以下のように学習目標をA〜Cの3つ，細かく分けると①〜④の4つに分けている。なお，新学習指導要領では，学習目標のことを「指導事項」と呼んでいる。

　　A　①学びに向かう力　②人間性等
　　B　③知識及び技能
　　C　④思考力，判断力，表現力等
　以下，それぞれについて述べる。

（2）①学びに向かう力　②人間性等

　Aの「①学びに向かう力　②人間性等」については，新学習指導要領では表8-1のように述べられている。

　次頁の表8-1の記述から①学びに向かう力と②人間性等とをはっきりと分けることは簡単ではないが，言葉のよさをわかり，読書をし，言葉を大切にして，人と言葉で関わり合おうとする「心の態度」つまり「人間性」を育てようとしていることがわかる。

第8章 「読むこと」の学習指導——説明的文章

表8-1 新学習指導要領における各学年の①学びに向かう力と②人間性等

小学校低学年	言葉がもつよさを感じるとともに，楽しんで読書をし，国語を大切にして，思いや考えを伝え合おうとする態度を養う。
小学校中学年	言葉がもつよさに気付くとともに，幅広く読書をし，国語を大切にして，思いや考えを伝え合おうとする態度を養う。
小学校高学年	言葉がもつよさを認識するとともに，進んで読書をし，国語を大切にして思いや考えを伝え合おうとする態度を養う。

出典：新学習指導要領より。

　ここで，「思いや考えを伝え合おうとする態度」という部分を，とくに「学びに向かう力」の中核と考えてみよう。というのは，この「学びに向かう力」がなければ，授業に向かおうとする意欲も生まれないからである。もちろん「学びに向かう力」は，何度か授業をする中で「言葉っておもしろいな」「国語科の授業は楽しいな」という経験から育まれていくものではあるが，単元の最初にもそのような意欲形成が「学びに向かう力」となって，学習を進めていく原動力になるだろう。

　本章では，この「学びに向かう力」を「態度目標」と名づけて以後説明を行っていく。説明的文章教材は文学教材に比べ学習者の興味関心を呼び起こしにくい。そうなると「学びに向かう力」としての「態度目標」形成がより重要になってくる。まとめれば，「態度目標」とは「学びに向かう力」のことであり，説明的文章教材の授業の場合は，「その教材・単元に向かう力（＝態度）」のことである。

　次に，「人間性等」であるが，上記の新学習指導要領の記述から「言葉がもつよさを（感じる，気づく，認識する）」という部分をそれと考えてみよう。言葉がもつよさを経験し認識することが，その人の人間性を育むということである。「文は人なり」という言葉があるが，その人自身の言葉は，その人自身を表すものである。言葉がもたらすよさが，その人自身の人間性を高めることにつながるだろう。

　では，「言葉がもつよさ」とは何だろうか。ここでは説明的文章教材に即して「言葉がもつよさ」を大きく2つに分けて考えてみよう。まず考えられるの

133

が，説明的文章教材の言葉そのもののもつ「よさ」である。たとえば，わかりやすく説明するためのその教材の「論理」のよさや「文章構成」のよさ，「表現」のよさ，などである。これらの「よさ」を〈表現のよさ〉としてみよう。

〈表現のよさ〉以外に，説明的文章教材には，文章の内容そのものの「よさ」がある。説明的文章は，学習者が知らないこと，知っているけれど意外なことが述べられている。このような「よさ」を〈内容のよさ〉としてみよう。

たとえば，2017年現在使用されている説明的文章には，「船」「車」「大豆」「たんぽぽ」といった学習者がよく知っている題材の意外な面を説明する教材もあれば，「天気の予想」「イースター島」「和菓子」などのような学習者に馴染みがない題材を取り上げる教材もある。説明的文章教材には，このような学習者が意外に思う・知らないことを知る，といった面白さがある。これが〈内容のよさ〉である。

説明的文章教材の「よさ」のうち，〈表現のよさ〉は，後述する〔知識及び技能〕〔思考力，判断力，表現力等〕に関わる，言葉そのものを学ぶ目標（本章では併せて「技能目標」と呼ぶ）となるものである。それに対し，〈内容のよさ〉は，国語科の技能目標そのものではないが，説明的文章という「言葉」を通して得られるものである。この〈内容のよさ〉を国語科で学ぶことで，他教科では得られない，様々なこの世界の知識を手に入れ，自分の思考を深めることができる。本章では，このような説明的文章の〈内容のよさ〉に関わる目標を「価値目標」と呼ぶことにする。

「価値目標」は先述の「人間性等」に当たるが，新学習指導要領の文言は抽象的であり，一つひとつの具体的な説明的文章教材に即して表れる「人間性等」を「価値目標」と呼ぶのである。

この「人間性等」に関わる「価値目標」，つまり，説明的文章でいえば，その教材の〈内容のよさ〉に関わるものは後で詳述するが，新学習指導要領の〔思考力，判断力，表現力等〕のC「読むこと」の指導事項にある「（オ）考えの形成」「（カ）共有」とも関わっている。

これらの指導事項は，その文章の内容を読み，そこから感じたり考えたりし，

第 8 章 「読むこと」の学習指導——説明的文章

表 8-2 「(オ) 考えの形成」

小学校低学年	文章の内容と自分の体験とを結び付けて，感想をもつこと。
小学校中学年	文章を読んで理解したことに基づいて，感想や考えをもつこと。
小学校高学年	文章を読んで理解したことに基づいて，自分の考えをまとめること。

出典：新学習指導要領より。

表 8-3 「(カ) 共有」

小学校低学年	文章を読んで感じたことや分かったことを共有すること。
小学校中学年	文章を読んで感じたことや考えたことを共有し，一人一人の感じ方などに違いがあることに気付くこと。
小学校高学年	文章を読んでまとめた意見や感想を共有し，自分の考えを広げること。

出典：新学習指導要領より。

それを共有し，ほかの学習者との違いに気づいて自分の考えを広げるということである。つまり，説明的文章の〈内容のよさ〉に触れつつ，自分の考えをもち他者との関わりの中で自分の考えを広げるということである。なお，この最後の「考えを広げる」ということは，より的確にいうとすると「考え方を広げる」，すなわち，「自分の価値観・世界観・ものの見方を広げる」といえるだろう。

つまり，〈内容のよさ〉に関わる「価値目標」は，説明的文章教材の〈内容〉に触発され，また，ほかの学習者の感想や考えに触発されて，自分自身の「価値観・世界観・ものの見方を広げる」目標であるといえる。これが「人間性等」を豊かにしていくことになるのである。

ただ，新学習指導要領にある「(オ) 考えの形成」「(カ) 共有」という指導事項には，何について・どのような価値観や世界観を広げるかについては，明確にしていない。これは，それぞれの説明的文章教材の〈内容〉に関わることになる。たとえば，「たんぽぽ」の教材であれば，「たんぽぽ」についての見方・考え方，ひいては植物についての見方・考え方を広げていくということになるだろう。

135

表 8-4 「情報と情報との関係」

小学校低学年	共通，相違，事柄の順序など情報と情報との関係について理解すること。
小学校中学年	考えとそれを支える理由や事例，全体と中心など情報と情報との関係について理解すること。
小学校高学年	原因と結果など情報と情報との関係について理解すること。

出典：新学習指導要領より。

表 8-5 「情報の整理」

小学校中学年	比較や分類の仕方，必要な語句などの書き留め方，引用の仕方や出典の示し方，辞書や事典の使い方を理解し使うこと。
小学校高学年	情報と情報との関係付けの仕方，図などによる語句と語句との関係の表し方を理解し使うこと。

出典：新学習指導要領より。

（3）③ 知識及び技能　④ 思考力，判断力，表現力等

次は，〔知識及び技能〕〔思考力，判断力，表現力等〕について考察していく。説明的文章に関わる〔知識及び技能〕の中で，とくに関係が深いのが「情報の扱い方」の指導事項である。「情報の扱い方」については，第10章で詳述するが，ここでは，説明的文章の授業と絡めてみていくことにする。

「情報の扱い方」は，「情報と情報との関係」（表8-4）と「情報の整理」（表8-5）の2つに分けられている。

これら「情報の扱い方」の各指導事項は，それぞれの学年に応じて，説明的文章教材を「読むこと」の授業だけではなく，文学教材を「読むこと」の授業や「書くこと」「話すこと，聞くこと」の授業でも育てていくことになる。本章では，説明的文章教材を「読むこと」の授業で，これらの指導事項をどう扱えばよいかについて述べる。

次頁の表8-6は，説明的文章の「読むこと」に関する〔思考力，判断力，表現力等〕の学習目標（指導事項）である。新学習指導要領 解説では，「読むこと」の指導事項は，「構造と内容の把握」「精査・解釈」「考えの形成」「共有」となっている。

第8章 「読むこと」の学習指導——説明的文章

表8-6 説明的文章教材に関わる新学習指導要領の抜粋

	第1学年及び第2学年	第3学年及び第4学年	第5学年及び第6学年
構造と内容の把握	ア　時間的な順序や事柄の順序などを考えながら，内容の大体を捉えること。	ア　段落相互の関係に着目しながら，考えとそれを支える理由や事例との関係などについて，叙述を基に捉えること。	ア　事実と感想，意見などとの関係を叙述を基に押さえ，文章全体の構成を捉えて要旨を把握すること。
精査・解釈	ウ　文章の中の重要な語や文を考えて選び出すこと。	ウ　目的を意識して，中心となる語や文を見付けて要約すること。	ウ　目的に応じて，文章と図表などを結び付けるなどして必要な情報を見付けたり，論の進め方について考えたりすること。
考えの形成	オ　文章の内容と自分の体験とを結び付けて，感想をもつこと。	オ　文章を読んで理解したことに基づいて，感想や考えをもつこと。	オ　文章を読んで理解したことに基づいて，自分の考えをまとめること。
共　有	カ　文章を読んで感じたことや分かったことを共有すること。	カ　文章を読んで感じたことや考えたことを共有し，一人一人の感じ方などに違いがあることに気付くこと。	カ　文章を読んでまとめた意見や感想を共有し，自分の考えを広げること。

出典：新学習指導要領より。

　「構造と内容の把握」とは，新学習指導要領 解説によれば「叙述に基づいて，文章がどのような構造になっているか，どのような内容が書かれているかを把握すること」である。説明的文章に即していえば，その教材の文章がどんな構造をしているか，どんな内容が書かれているかを，ざっくりつかむことである。

　「精査・解釈」とは，新学習指導要領 解説によれば「文章の内容や形式に着目して読み，目的に応じて必要な情報を見付けることや，書かれていること，あるいは書かれていないことについて，具体的に想像することなど」である。説明的文章に即していえば，その教材文の内容や形式に着目して，言語活動の目的に応じて必要な情報を見つけたり，書かれていることをもとに書かれていないことを想像（説明的文章の場合は推論）すること，すなわち，詳しく「読むこと」である。

　「考えの形成」「共有」とは，それぞれ「自分の既有の知識や様々な体験と結び付けて感想をもったり考えをまとめたりしていくこと」「文章を読んで形成

137

してきた自分の考えを表現し，互いの考えを認め合ったり，比較して違いに気付いたりすることを通して，自分の考えを広げていくこと」であるとしている。説明的文章に即していえば，それぞれ「説明的文章の内容と自分の体験と結びつけて感想や考えを持つ」「感想や考えたことをほかの学習者と共有して違いに気付き自分の考えを広げる」ことである。

この4つのカテゴリーの順序は「学習過程」であり「必ずしも順番に指導する必要はない」と記しているが，「学習過程」であるとすれば，まずはこの順序で単元を作成できるようにすることが必要である。したがって，説明的文章の単元作成においては，「構造と内容の把握」→「精査・解釈」→「考えの形成」→「共有」の順序で，本章は説明することにする。もちろん，指導技術が向上してきたらこの順序を入れ替えることもあり得るだろう。

また，新学習指導要領の指導事項以外に，技能目標を設定することもある。新学習指導要領はあくまでもミニマムエッセンシャルズであるから，学習者や地域，学校などの実態や，教師の考え方などから，加えるべき技能目標もあるだろう。そのことについては本章で触れることはできないが，新学習指導要領をもとにまずは単元の作成ができることを目指したうえで，学習者や地域，学校などの実態などを踏まえた新たな学習目標の付け足しがあり得ることは，留意しておくべきである。

3 教材，言語活動，手立て

（1）教材について

説明的文章の授業の教材として主なものは，教科書教材である。そのほかには，教科書教材の原典となった図書や教科書教材に関連する図鑑なども教材として使われる。後述する言語活動が盛んになってからは，教科書教材だけで説明的文章の授業を行うのではなく，原典なども含めた関連図書も併せて教材として使う単元構成が求められるようになっている。

第8章 「読むこと」の学習指導——説明的文章

（2）言語活動について

2008（平成20）年告示の学習指導要領で，言語活動が全面的に「内容」に取り入れられた。そして，新学習指導要領 解説でもそれが継続している。そこでは次のように述べられている。

> 単元など内容や時間のまとまりを見通して，その中で育む資質・能力の育成に向けて，児童の主体的・対話的で深い学びの実現を図るようにすること。その際，言葉による見方・考え方を働かせ，言語活動を通して，言葉の特徴や使い方などを理解し自分の思いや考えを深める学習の充実を図ること。

つまり，言語活動を通して，国語科における主体的・対話的で深い学びの実現を図ろうということである。そしてさらに，次のよう述べられている。

> 児童が言語活動の中で「言葉による見方・考え方」を働かせ，言葉の特徴や使い方などの「知識及び技能」や，自分の思いや考えを深めるための「思考力，判断力，表現力等」を身に付けていくことができるよう，学習指導の創意工夫を図ることが期待される。

つまり，「言葉による見方・考え方」を働かせ，「知識及び技能」・「思考力・判断力・表現力等」が身につく，「深い学び」ができるような言語活動の設定が期待されているのである。

加えて，国語科における言語活動は，「主体的・対話的」な活動であることが求められている。中央教育審議会答申（2016）では，主体的な学びについて「学ぶことに興味や関心を持ち，自己のキャリア形成の方向性と関連付けながら，見通しを持って粘り強く取り組み，自己の学習活動を振り返って次につなげる」学びであるとし，「対話的な学び」について「子供同士の協働，教職員や地域の人との対話，先哲の考え方を手掛かりに考えること等を通じ，自己の考えを広げ深める」学びとしている（先哲とは優れた先達のことであり，先哲と出会うためには書籍を通じてしかない。つまり，対話的な学びの中に，本との対話も含まれているのである）。

以上を踏まえると，言語活動としては次のようにまとめることができる。こ

れが言語活動の条件となる。

　条件１：学習者が興味関心をもち，見通しと振返りのある活動であること

　条件２：他者や本との対話がある活動であること

　条件３：「知識及び技能」・「思考力・判断力・表現力等」など先に述べた学
　　　　　習目標が身につく活動であること

　条件４：「言葉による見方・考え方」が働いた深い学びの活動であること

　このような言語活動をスムースに行うためには，適切な言語活動のゴール（活動のゴール，活動目標）を設定することが必要である。多くの実践ではこのような言語活動のゴールを「めあて」として設定することが多い。

　学習者が「活動目標」に向かって主体的に取り組む中で，学習目標を身につけ，深い学びへと主体的対話的にいざなわれるのである。たとえば，「たんぽぽ」（１年生　下，平成29年版，東京書籍）あるいは「たんぽぽのちえ」（１年生　下，平成29年版，光村図書）といった小学校１年生の説明的文章の授業で，学習者が「たんぽぽ紙芝居をつくろう」としているとき，「たんぽぽ紙芝居をつくる」ことが「活動目標」となり，そのつくる過程が言語活動となる。そして，その言語活動を通して，学習目標である「時間的な順序や事柄の順序などを考えながら，内容の大体を捉える」ことを達成するのである。

　ここで注意しなければならないことについて，二点述べる。一点目は，「学習目標」と「活動目標」は異なるものであるということである。「学習目標」は〔知識及び技能〕・〔思考力，判断力，表現力等〕など，その授業や単元でつけたい力であり，つまり〈目的〉である。それに対して，「活動目標」は，言語活動という〈手段〉の完成形を示したものである。

　先の例でいえば，「たんぽぽ紙芝居」がいくらすばらしくできても，それは「活動目標」を達成しただけであり，「学習目標」が達成できたとはいえない。「たんぽぽ紙芝居」づくりをとおして，たとえば，「教材の順序性が理解できた」という学習目標が達成できなければ，授業が成功したとはいえないのである。多くの実践で「めあて」を「活動目標」とすることがあるが，それはあくまで「手段」であり，それが達成されても学習目標は達成されていないのである。そ

第8章 「読むこと」の学習指導——説明的文章

表8-7 説明的文章の言語活動例

	第1学年及び第2学年	第3学年及び第4学年	第5学年及び第6学年
言語活動例	ア 事物の仕組みを説明した文章などを読み，分かったことや考えたことを述べる活動。	ア 記録や報告などの文章を読み，文章の一部を引用して，分かったことや考えたことを説明したり，意見を述べたりする活動。	ア 説明や解説などの文章を比較するなどして読み，分かったことや考えたことを，話し合ったり文章にまとめたりする活動。

出典：新学習指導要領より。

れを防ぐためには，たとえば，活動目標としての「めあて」のほかに，学習目標としての「ねらい」を別に設定し，学習者に示すような取組みも考えられる。

　二点目は，「活動目標」は発展のための目標ではないということである。以前の授業では，「読むこと」の授業をしたあと，発展学習として「書くこと」や「話すこと　聞くこと」の活動をしたことがある。しかし，それらの発展としての活動は，「読むこと」の授業としての「言語活動」ではない。「読むこと」の学習目標を達成するための言語活動は，あくまでも，「読むこと」の学習目標を達成するための手段であり，「活動目標」は言語活動の完成する姿を示して学習者に見通しをもたせるものなのである。したがって，「読むこと」の授業を行っているまさしくそのときに，どのような「活動目標」をもった言語活動がなされているかが問われるのである。

　新学習指導要領では，説明的文章についてどのような言語活動例が設定されているか表8-7に示す。

　これらはあくまでも言語活動の例であり，教材の特質や学習者の実態などを踏まえて，設定する必要がある。

（3）手立てについて

　ここでいう手立てとは，教師の授業技術のことである。この授業技術は教師経験に拠って積み重ねられていくところもあるが，教師自身が学ばない限り広がったり深まったりしない部分も大いにある。

　手立てには，発問の仕方，指示の仕方，板書の仕方，音読の仕方（させ方），

集団のつくり方，ペアトーク（ペア対話）のさせ方，グループトーク（グループ対話）のさせ方，学級での話し合いのさせ方，などをあげることができる。次節では具体的な教材に即して手立てに触れることにする。

4 具体的な教材で考える単元づくり——中学年教材で考える

（1）教　材

　本節では，過去小学3年生で使われていた『とんぼのひみつ』（小学3年　上，平成21年度版，学校図書）という教材を使って，具体的な単元づくりを考える。まず全文を掲載する。

とんぼのひみつ

①　夏から秋にかけて，あちらこちらの水辺でたくさんのとんぼを見かけます。わたしたちにとって，とんぼはとても身近なこん虫です。

②　ところで，そのとんぼたちが，いろいろなひみつをもっているのを知っていますか。

③　まず，一つめのひみつは，そのしゅるいがとても多いことです。日本には，およそ二百しゅるい，世界には，なんとやく五千しゅるいものとんぼが生きています。

④　二つめのひみつは，とても古くから地球にすんでいることです。とんぼのそ先が生まれたのは，やく三億年前です。日本には，ムカシトンボというめずらしいとんぼがいます。このとんぼは「生きた化石」とよばれています。一億五千万年ほど前に生きていたとんぼによくにているからです。

⑤　三つめのひみつは，そのとび方です。四まいの羽をじょうずに動かして，時速百キロメートルものスピードを出したり，バックやちゅうがえりをしたりすることもできます。

⑥　このように，身近なとんぼにも意外と知られていないことがあります。同じ地球にすむなか間としては，人間よりもずっと先ぱいのとんぼには，まだまだわたしたちの知らないたくさんのひみつがかくされているかもしれません。

　以降は，この教材をもとに，実際の授業づくりを考えていく。

第8章 「読むこと」の学習指導——説明的文章

（2）『とんぼのひみつ』で考える学習目標

　それでは，これまでの説明に立って，具体的な教材に即して学習目標設定の仕方をみていこう。

　まず態度目標を考える。この教材『とんぼのひみつ』を使った単元では，後述するが「生きものひみつ１枚ポスターをつくる」という言語活動を行う。そこで，態度目標としては，「とんぼなどの生きもののひみつに関心をもつ」としてみよう。もちろんここで，「とんぼのひみつに関心をもつ」と，教材そのものへの態度目標設定も考えられる。

　次に価値目標を考える。中学年の「読むこと」の指導事項「オ」には，「文章を読んで理解したことに基づいて，感想や考えをもつこと」とあり，「カ」には「文章を読んで感じたことや考えたことを共有し，一人ひとりの感じ方などに違いがあることに気づくこと」とある。ここで，何についての感じ方の違いで目標を立てるかを考えるための参考として，道徳の新学習指導要領をみると，中学年に，Ｄ３「自然のすばらしさや不思議さを感じ取り，自然や動植物を大切にすること」とある。これらを参考にして，価値目標として「『とんぼのひみつ』を読んで，とんぼなどの生きものの不思議さに感動し，自然を大切にする心を育てるとともに，友達との違いに気づく」と設定してみよう。友達と自分とどちらも生きものの不思議さに感動するのではあるが，その感動のポイントが違ったり対象とする生きものが違ったりすることに気づくのである。

　最後に技能目標について考えてみよう。まず，中学年の「読むこと」の指導事項にあがっているものを見てみる。指導事項の中で価値目標に回したものは省いてある。次に教材に即してその指導事項を書き直してみる。

　まず，「構造と内容の把握」については，『とんぼのひみつ』（以下本教材）が，「考えとそれを支える理由や事例との関係」をもっていない事実の説明文であるので，その他の関係（論理，情報と情報との関係）を考えることになる。本教材をみると，①②で「問い」があり③④⑤が「答え」であること，①②と⑥がとんぼおよびとんぼのひみつの「まとめ（抽象）」であるのに対し，③④⑤がとんぼのひみつを詳しく述べた「くわしい（詳細・具体）」となっている。

143

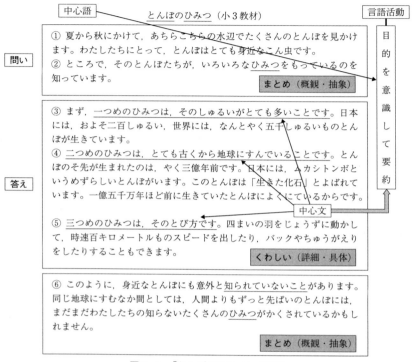

図 8-1 『とんぼのひみつ』の構造

　つまり本教材は,「問い」―「答え」という順序(「情報と情報との関係」では低学年)と「具体」あるいは「詳細」―「抽象」(「情報と情報との関係」では中学2,3年)あるいは「概観」という構造をもっているので,それを捉えることとする。なお「情報と情報との関係」については当該学年と異なるものを含んでいるが,教材に合わせて学習する必要があるので,ここでは,この2つの関係・構造をおさえる。

　次に「精査・解釈」については,③④⑤の段落の段落の最初の一文が,その段落の「概観」を表す中心文(トピックセンテンス)であり,段落の残りの部分は「詳細」となっている。つまり,一つひとつの段落が「中心」―「中心以外」という「全体」をもっているのである。まずは最初の一文が「中心」であ

第8章 「読むこと」の学習指導——説明的文章

表8-8 『とんぼのひみつ』学習目標

態度目標 「学びに向かう力」	・とんぼなどの生きもののひみつに関心をもつ
価値目標 「人間性等」 「考えの形成」 「共有」	・「とんぼのひみつ」を読んで，とんぼなどの生きものの不思議さに感動し，自然を大切にする心を育てるとともに，友達との違いに気づく
技能目標 「構造と内容の把握」 「精査・解釈」	・段落相互の関係に着目し，「問い」—「答え」「まとめ（抽象）」—「くわしい（詳細・具体）」の関係を捉える ・言語活動で設定したゴールを意識して，中心となる語や文を見つけて要約する

ることを捉えたうえで，適切な言語活動（後述）のもとに，その中心文を要約することになる。

　まとめると『とんぼのひみつ』の学習目標は表8-8のようになる。

（3）『とんぼのひみつ』の言語活動

　それでは，本教材では，どのような言語活動／活動目標を設定すればよいだろうか。言語活動の設定のためには，先に示した言語活動の4つの条件をクリアしなければならない。また，言語活動例にあった，「文章の一部を引用して，分かったことを説明する」もここでは盛り込みたいと考える。

　そこで本教材の言語活動の一案として，「生きものひみつ1枚ポスターをつくる」という言語活動を設定してみたい。この活動は，本教材を読みながらその内容を構造化してポスターにまとめ，同じ手法を使って，自分で調べたい生き物の秘密を，同じような構造化したポスターにまとめる，という言語活動である。本教材ポスターづくりで，「読むこと」の技能目標の基礎を学び，次の「生きものひみつ1枚ポスター」では，その基礎を生かして自分なりのポスターをつくるのである。この「生き物ひみつ1枚ポスター」は，（とんぼの場合）おおよそ図8-2のような構造になっている。

　このような構造のポスターを，『とんぼのひみつ』を読みながらまず作成し，次に，自分の選んだ生きもので作成するのである。このポスター作成により，

145

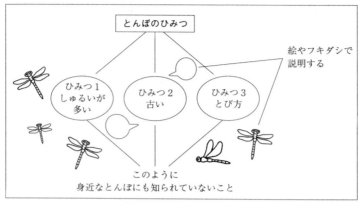

※ 最初に生徒に渡す時は、とんぼのひみつのみ書いた状態で渡す。
図8-2 『とんぼのひみつ』1枚ポスター例

文章全体の「一般―具体」の構造がわかること、「なか」の段落の中心文を引用して要点として書き出せることなどが実現できるのである。

(4) 『とんぼのひみつ』の単元づくり

これまでみたことをまとめて本教材の単元づくりを行う。具体的な手立ても含めてみていきたい。ここでは第四次の単元を考える。

第一次では、態度目標の形成を行う。「とんぼなどの生きもののひみつに関心をもつ」という目標を達成するのである。そのために、教室に生きものの図鑑を置いておき、児童が手に取って読めるようにしておく。また、生きものの秘密の話を朝の会などでしたり、理科の授業でもそのような話をして、興味を高めておく。

このような手立てを打ったうえで、「今から『とんぼのひみつ』っていう文章を読むのだけど、みんなが知っているとんぼのひみつを教えて」などと話しかけ、教材に入る前に本教材について語り合いたい。そのうえで、「生きもののひみつを調べてポスターにして、みんなで交流しよう」ともちかけ、「ポスターのつくり方をみんなで勉強しよう」と投げかける。そして、各自自分で調べて発表したい生きものを決めておき、調べておくように伝える。このように

第8章　「読むこと」の学習指導——説明的文章

して単元の学習計画を立てるのである。

　第二次は，技能目標達成の第一の段階である。まずは，「構造と内容の把握」の技能目標である「段落相互の関係に着目し，「問い」—「答え」「まとめ」（抽象）—「詳しい」（具体）の関係を捉える」を行う。最初に，教材文を①②「はじめ」，③④⑤「なか」，⑥「おわり」に分けておく。次に，音読をするのだが，「はじめ」と「おわり」を学習者全員で，「なか」の部分を教師が音読することで，ざっくりと教材文の構造を把握する。次に，「問い」の文を確認し，「答え」が③④⑤であることをおさえる。さらに，⑥が③④⑤のまとめになっていることをおさえる。そして，児童一人ひとりに，ポスター用紙を渡す。そこには「○○○の◎◎◎１枚ポスター」とだけ書かれている。次に，○○○と◎◎◎に入る言葉を考えさせ，それがそれぞれ中心語であることを確認させる。そのうえで，このポスターをどんな構造にすればよいかを考えさせる（選択肢にして，たとえば，はじめ—なか１—なか２—なか３—おわり）などから選ばせる。構造がわかったら，ポスターに線だけを引かせる（図8-2の，とんぼのひみつ以外白紙の状態）。

　第三次は，技能目標達成の第二の段階である。「言語活動で設定したゴールを意識して，中心となる語や文を見つけて要約する」ことを達成する言語活動を行う。まず，ポスターをつくることを意識させ，短い言葉で端的に書いていくことがポスターであることを認識させる。次に，「はじめ」にはどんな言葉を入れるか（「とんぼのひみつ」），「なか１」…にはどんな言葉を入れるかを，文章からできるだけ短く引用するように指示して考えさせ，付箋に書かせポスターに貼らせる。ここでのポイントは，とにかく短く抜き出させることである。そうすることで，書くことが苦手な児童も授業についていける。そしてペアやグループで，付箋を確認させ，確認ができたら，ポスターに本書きをさせる。「おわり」には，「このように」という接続語とまとめの文を引用して書かせる。

　最後に③④⑤の部分について，学習者自身にとんぼの絵を描かせ，それぞれの段落での具体的なとんぼの姿を表現させる。

　第四次は，「生きものの不思議さに感動し，自然を大切にする心を育てると

ともに，友達との違いに気づく」という価値目標の達成の段階である。ここでは，調べている生きものについて，「とんぼのひみつ１枚ポスター」と同じ構造でまとめるように指示する。「はじめ」には，○○のひみつ。「おわり」には，「このように身近な○○にも知られていないことがあるのです」とし，「なか１～n」には，調べてきた秘密を，できるだけ短い言葉で表現させポスターに書かせる。ここまでを徹底させ，後の詳しい絵やふきだしによる説明は児童の自由に任せるのである。ポスターづくりではペアやグループで協力し進めさせる。できたポスターは，発表会にしてもいいし，教室や廊下に張っておき，質問がある人には付箋を張らせて後で答えるということをしてもいいだろう。

　以上のような流れはあくまでも一例である。児童の言語活動が主体的にかつ学習目標を達成できるようなかたちで行えるよう，全体指導，ペアやグループの活動，個別活動や個人指導などを組み合わせ，授業を行っていきたい。以上のことを単元構造図（次頁，図8-3）にまとめておく。

5 　各学年における単元づくり

（1）低学年の単元づくりにおける留意点

　低学年の学習目標について考える。態度目標は，どの学年も同じく，教材の内容や単元に興味関心をもつ，ということになる。次に技能目標だが，新学習指導要領 解説には次のように記載されている。

　　〈第二次〉

　　（構造と内容の把握）

　　ア　時間的な順序や事柄の順序などを考えながら，内容の大体を捉えること。

　　〈第三次〉

　　（精査・解釈）

　　ウ　文章の中の重要な語や文を考えて選び出すこと。

　第二次で捉えるべき学習目標は，順序（時間的，事柄）である。これは低学年が「順序学年」といわれるゆえんである。この順序には，次のような様々なも

148

第8章 「読むこと」の学習指導——説明的文章

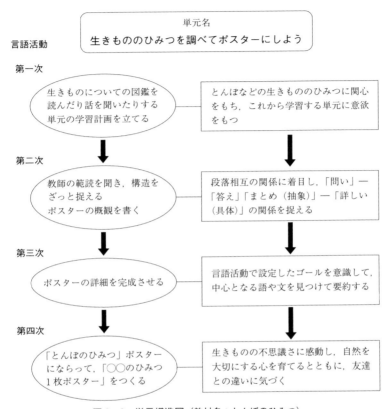

図8-3　単元構造図（教材名：とんぼのひみつ）

のがある。時間の順序（朝—昼—夜，春—夏—秋—冬，など），事柄（説明）の順序（問い—答え，やくめ—つくり—働き，など）であり，これらの順序は，順序を表す接続語や時間を表す語（まず，それから，春は，など）があることで明示される場合もあるが，そうでない場合もあり，また，表向きは順序の関係だが，実は，原因と結果の関係になっているものもあり，その部分こそ，授業でしっかりおさえるべきこととなる。たとえば，『いろいろなふね』（小学1年　上，平成29年度版，東京書籍）の「きゃくせんは，たくさんの人をはこぶためのふねです。

このふねの中には，きゃくしつやしょくどうがあります」という説明は，「やくめ―つくり」の関係が明示されておらず，また，「たくさんのひとをはこぶ」―「だから」―「きゃくしつやしょくどうがある」という因果関係も明示されていない。このような，明示されていない関係もしっかりおさえるようにしたい。

　第三次で捉えるべき学習目標は，重要な部分の抜き出しである。このことについて新学習指導要領の解説には「目的を意識しながら，それらの目的に照らして重要だと考えられる語や文を，文章の中から見付けること」とある。つまり，どのような目的を設定するかが重要さをはかる尺度となる。この目的とは，言語活動のことである。

　最後に価値目標だが，新学習指導要領によれば，次のように記載されている。

〈第四次〉
　（考えの形成）
オ　文章の内容と自分の体験とを結び付けて，感想をもつこと。
　（共有）
カ　文章を読んで感じたことや分かったことを共有すること。

　第四次では，説明文の内容と自分の体験と結びつけ，それを共有することが目標となる。そのことで，自分の見方・考え方を広げ深める基盤とするのである。
　次に，言語活動について考える。上記の学習目標を達成するためには，どのような言語活動を設定すればいいだろうか。順序を捉え重要な語句を抜き出すような，そして，学習者の興味がわくような活動である。順序の種類に合わせると，次のような言語活動が考えられる。

　（時間の順序）
• 朝―昼―夜……スケジュール帳づくり
• 春―夏―秋―冬……カレンダーづくり
　（事柄説明の順序）
• 問い―答え……クイズボードづくり
• やくめ―つくり―はたらき……図鑑づくり，パノラマづくり

第8章 「読むこと」の学習指導——説明的文章

　これらの活動では，順序を押さえつつ，それぞれの活動に関係する重要な語句を選び出し，その活動の成果物に学習者が書いていくことになる。

（2）中学年の授業づくりにおける留意点

　中学年については，すでに4節で述べたが，そこで触れられなかったことについて述べる。新学習指導要領 解説の中学年（ア）「段落相互の関係に着目しながら，考えとそれを支える理由や事例との関係などについて，叙述を基に捉えること」という記述があるが，先でもみたように，『とんぼのひみつ』のような事実を説明，解説した文章の場合は，「考えとそれを支える理由や事例」という関係を措定することはできない。その場合は，新学習指導要領の「情報の扱い方」にあるような関係を措定していくことになる。それに対し，筆者の主張（意見）が書かれた文章の場合は，「考えとそれを支える理由や事例」を捉えていくことになる。これをまとめると，次のようになる。

〈中学年の説明文教材でおさえるべき構造〉

- 事実を説明，解説した文章……「全体と中心」「具体と抽象」など
- 筆者の主張が書かれた文章……「考えとそれを支える理由や事例」など

　　教材の特性に合わせた構造を捉え，中心語や中心文を抜き出していけるような言語活動が必要である。

（3）高学年の授業づくりにおける留意点

　高学年の学習目標について考える。態度目標は，どの学年も同じく，教材の内容や単元に興味関心をもつということになる。

　次に技能目標だが，新学習指導要領によれば，次のように記載されている。

〈第二次〉

（構造と内容の把握）

ア　事実と感想，意見などとの関係を叙述を基に押さえ，文章全体の構成を捉えて　要旨を把握すること。

〈第三次〉

151

〈精査・解釈〉
ウ　目的に応じて，文章と図表などを結び付けるなどして必要な情報を見付けたり，論の進め方について考えたりすること。

　第二次で捉えるべきは，「事実と感想・意見などの関係」である（137頁，表8-6参照）。高学年の説明文は，ほとんどが，筆者の主張を述べる文章であるから，基本的には「根拠と主張」になる。もう少し詳しくいうと，中学年に出てきた「考えとそれを支える理由や事例」となる。まずは文章全体の構成として，どこが「考え（主張）」でどこが「理由」か，どこが「事例（具体例)」かを見分けることになる。ここで重要なのは，これらを形式段落のレベルで捉えないことである。どの段落が「主張」でどの段落が「理由」か「事例」かを考えることは，高学年から以後の説明文では無意味な思考活動である。なぜなら，一つの段落の内部に「主張」と「理由」が混在することもあり，また，複数の段落にまたがって「事例」が述べられることもあるからである。その点でいえば，形式段落をまとめた意味段落（大段落ともいう）で構成を考えることも無意味であるといえる。

　第二次で捉えた構成を踏まえて，第三次では，図表があれば図表から，なければ，図表にするなどしながら，必要な情報を取り出すことができるようにする。その際も，設定した言語活動に従うことになる。また論の進め方についての考えをもつことは，筆者の論の進め方について，自分にとってわかりやすいか，わかりにくいところがあればどのように改善するべきかなどを考えることになる。具体的には，主張と理由や事例についての関係（もっと良い事例がないか，など）について検討していくことになる。

　最後に価値目標だが，これについては，新学習指導要領によれば，次のようになっている。

〈第四次〉
（考えの形成）
オ　文章を読んで理解したことに基づいて，自分の考えをまとめること。

第8章 「読むこと」の学習指導——説明的文章

（共有）
カ　文章を読んでまとめた意見や感想を共有し，自分の考えを広げること。

　第四次では，説明文の内容について自分の考えをもち，それについてクラスなどで議論して，自分の考えを広げることになる。高学年の説明文は筆者の意見中心であり，学習者が1人の読者として筆者に向き合い，そのうえで自分の世界観を広げ深めることが期待される。

　次に言語活動について考える。上記の学習目標を達成するためには，どのような言語活動を設定すればいいだろうか。ここで提案したいのが，説明的文章教材を，プレゼンテーション資料に変換する言語活動である。周知のように，現在は多くの場面でプレゼンテーションが求められる。その際は簡潔で印象的なスライドが必要となる。ここでは「読むこと」の学習なので，プレゼンテーションそのものに重きをおくのではなく，スライドづくりを行う活動に重点をおきたい。

　まずは，与えられた教材の筆者になったつもりでスライドをつくる。筆者の主張，理由，事例をそれぞれスライドにするのである。これによって，構成と内容の把握と必要なところを取り出すという目標を達成することができる。次に，学習者自身が筆者の論の進め方について考え，改善案を考えさせる。具体的には，事例を補ったり，理由を強化したりするのである。最後の第四次では，筆者の考えについての自分の考えをスライドにし，交流する。このような活動を通して，筆者になり，筆者と向き合い，友達とも対話しながら，自分の世界観を広げ深めるのである。

6　新学習指導要領を味方にしよう

　以上のように本章では，新学習指導要領をもとに，説明的文章の単元を構想する方法を考えた。学習指導要領や教科書がミニマムエッセンシャルズとしてある以上，私たちはそれを最大限に生かしたうえで，それを乗り越えていくことが求められている。実践者も研究者も，自分自身の経験や自分自身が選び

取った理論を踏まえつつ，国語科授業の公共性に向けて，すり合わせをしてい
かなくてはいけない。そのための土俵として，新学習指導要領をせいぜい使っ
ていきたいと思うし，皆さんにもそのように呼びかけていきたい。

引用・参考文献
（学校図書 平成21年度版 小学３年 上），「とんぼのひみつ」。
（東京書籍 平成29年度版 小学１年 上），「いろいろなふね」。
（東京書籍 平成29年度版 小学１年 下），「たんぽぽ」。
（光村図書 平成29年度版 小学１年 下），「たんぽぽのちえ」。
中央教育審議会（2016）「幼稚園，小学校，中学校，高等学校及び特別支援学校の学
　　習指導要領の改善及び必要な方策等について（答申）」。
文部科学省（2017）小学校学習指導要領 解説。

学習の課題

(1) 低学年の教材をそれぞれ１つ選び，単元構造図を書いてみよう。
(2) 高学年の教材をそれぞれ１つ選び，単元構造図を書いてみよう。
(3) 説明的文章教材の授業が楽しくなるような言語活動を，低・中・高学年それぞ
　　れ３つずつ考えてみよう。

【さらに学びたい人のための図書】
吉川芳則（2017）『論理的思考力を育てる！ 批判的読み（クリティカル・リーディン
　　グ）の授業づくり——説明的文章の指導が変わる理論と方法』明治図書。
　　⇨説明的文章教材を批判的に読む観点から考え，授業づくりを行うための新しい
　　　視点を与えてくれる書。
難波博孝・三原市立木原小学校（2006）『楽しく論理力が育つ国語科授業づくり』明
　　治図書。
　　⇨小学校と共同してつくり上げた，楽しく力がつく説明的文章教材の授業提案・
　　　授業報告が掲載された書。

（難波博孝）

| 第 9 章 | 言葉の特徴や使い方に関する
学習指導 |

この章で学ぶこと

本章では，新学習指導要領における〔知識及び技能〕の「(1) 言葉の特徴や使い方に関する事項」について取り上げる。「言葉の特徴や使い方」には，「言葉の働き」「話し言葉と書き言葉」「漢字」「語彙」「文や文章」「言葉遣い」「表現の技法」「音読，朗読」の指導事項が含まれている。それらを「言葉の働き」「言葉の特徴（仕組み）」「言葉の使い方」の 3 つの観点から整理し，それぞれの具体的な内容について検討を行う。

1 「言葉の働き」について

（1）言葉の働き

私たちは，日常生活において言葉の様々な機能を用いている。たとえば，学校の教室で誰かが「暑い」とつぶやき，それを聞いた友達が（直接窓を開けるように言われていないのに）教室の窓を開けるといった一連の流れも，言葉の働きによってもたらされたものである。このように，自分たちが用いている言葉を見つめ直し，その働きに気づくこと，そして言葉を自覚的に用いることができるようにすることが，国語科教育に求められている役割である。

では，言葉の働き（機能）にはどのようなものがあるのだろうか。このことについて，教育課程部会（2016）の報告書には，次頁の表 9-1 のように記されている。

私たちはこのような機能を持つ言葉を用いることで自分の思いを他者に伝えたり，考えたりすることができるとともに，言葉のリズムや響きを楽しんだり，言葉そのものについて語ったりすることができる。このような言葉の良さに気

155

表 9‑1　教育課程部会報告書（2016）より

　日本語も外国語も，言語として共通の働き（機能）を持っている。例えば，事物の内容，自分の考えや意図を伝える機能，相手に行動を促す機能などのほか，言語そのものを語るメタ言語的機能などがある。また，音声や文字を伴い他者に伝達する道具としての機能と内面化された思考のための道具としての機能の二つに分けることもある。

づかせ，言葉をどのように用いるのか，また言葉にはどのような可能性があるのかを考えることができるような広がりのある言葉の学びを国語科で育んでいきたい。

（2）新学習指導要領における「言葉の働き」

　新学習指導要領において「言葉の働き」は，〔知識及び技能〕の「(1) 言葉の特徴や使い方に関する事項」の最初に位置づけられている。第1学年及び第2学年では「言葉には，事物の内容を表す働きや，経験したことを伝える働きがあることに気付くこと」，第3学年及び第4学年では「言葉には，考えたことや思ったことを表す働きがあることに気付くこと」，そして第5学年及び第6学年では「言葉には，相手とのつながりをつくる働きがあることに気付くこと」という流れで，言葉の働きについての理解を深めていくことが示されている。

　ただし，これらは言葉の働きについて一定の手順で学習者に説明することを意味しているのではない。指導においては，あくまでも言葉を用いて思考したり表現したりする場面において，児童が言葉の働きに気づくようにすることが大切である。言葉の機能に気づく最も簡単な方法としては，ある物事（たとえば，今朝何を食べたのか）について言葉を用いずに伝える場合と，言葉を用いて伝える場合とを比較する方法がある。表情や身振りなどで伝えられること（伝わったことを含む）と言葉で伝えられることについて話し合ってみると，伝達する際の表情や身振りなどの役割に気づくとともに，詳細な内容を短時間で正確に伝えられるという言葉の機能も見えてくるはずである。

第9章　言葉の特徴や使い方に関する学習指導

2　「言葉の特徴（仕組み）」について

（1）日本語の特徴

　これまでみてきた「言葉の働き」はあらゆる言語に共通しているが，音声や文字，語，文法などは言語によって違いがあり，固有の特徴（仕組み）をもっている。たとえば，日本語母語話者の場合，日本語では[r]と[l]の区別がないため，英語を初めて習ったときにこれらの区別が難しいと思った人も多いのではないだろうか。また，英語の場合はアルファベットを用いて表記するが，日本語では漢字や仮名（平仮名，片仮名）だけでなくローマ字も使用し，漢字にルビや送り仮名をつけて表記する方法も用いている。さらに，縦書きでも横書きでも書くことができる。このように，かなり複雑な仕組みを私たちは使いこなしているのである。

　では，このような言葉の特徴（仕組み）の学習を，国語科教育ではどのように位置づけているのだろうか。以下，新学習指導要領の「話し言葉と書き言葉」の中でも「書き言葉」に関する指導事項と「漢字」「語彙」「文や文章」の指導事項を取り上げ，「文字・表記」「語句・語彙」「文や文章」に分けて明らかにしたい。

（2）文字・表記

　「話し言葉と書き言葉」の中でも，「書き言葉のきまりなど」に関する指導事項は表9-2のように示されている。

　第1学年及び第2学年では書き言葉に関する基礎的なきまりを理解することと，平仮名と片仮名の読み書きについて，第3学年及び第4学年では漢字と仮名に関するきまりや句読点，ローマ字の読み書きについて，第5学年及び第6学年では漢字と仮名の使い分けや送り仮名，仮名遣いについて学習するというように系統的に示されている。はじめに，日本語の文字（仮名，漢字，ローマ字）の学習内容からみていきたい。

157

表9-2 「書き言葉のきまりなど」に関する指導事項

第1学年及び第2学年	第3学年及び第4学年	第5学年及び第6学年
ウ 長音，拗音，促音，撥音などの表記，助詞の「は」，「へ」及び「を」の使い方，句読点の打ち方，かぎ（「 」）の使い方を理解して文や文章の中で使うこと。また，平仮名及び片仮名を読み，書くとともに，片仮名で書く語の種類を知り，文や文章の中で使うこと。	ウ 漢字と仮名を用いた表記，送り仮名の付け方，改行の仕方を理解して文や文章の中で使うとともに，句読点を適切に打つこと。また，第3学年においては，日常使われている簡単な単語について，ローマ字で表記されたものを読み，ローマ字で書くこと。	ウ 文や文章の中で漢字と仮名を適切に使い分けるとともに，送り仮名や仮名遣いに注意して正しく書くこと。

出典：新学習指導要領より。

【仮　名】

小学校において最初に学習する文字は平仮名である。新学習指導要領解説には，「平仮名の読み書きについては，各教科等の学習の基礎となるものであり，第1学年でその全部の読み書きができるようにする必要がある」と記されている。

幼児や児童が平仮名を読み書きしている様子を観察すると，「おばあちゃん」を「おばちん」と書いたり，「おねえさん」を「おねいさん」と書いたりしているのを見ることがある。なぜ，このような誤りが生じるのだろうか。これらの誤りには，平仮名の特徴や表記のきまりが関係している。

日本語の音節の多くは，1つの仮名（平仮名・片仮名）で書き表すことができる。たとえば，/ア/という1つの音節を「あ」という1つの文字で書き表す。しかし，/キャ//キュ//キョ/などの拗音（ねじれる音）は1つの音節〈/キャ/〉を2文字〈「き」と「ゃ」〉で書き表す。そのため，/オバーチャン/を「おばあちん」と書くなど，小さく書く文字を脱落させる現象が生じやすい。

また，促音〈つまる音，例；きって〉，長音〈のばす音，例；おかあさん〉，撥音〈はねる音，例；さんかんび〉も，/キッテ/を「きて」と書いたり，/オカーサン/を「おかさん」と書いたり，/サンカンビ/を「さんかび」と書いたりするなど書き表すときに脱落しやすい。促音・長音・撥音は，音韻論的音節としては自立性をもたない（単独では一音節にならない）ため，「拍」（モーラ）意

識がないと脱落してしまう。「拍」というのは，音楽で拍を刻むときと同様のものと考えるとわかりやすい。

　とくに，促音，長音，撥音を含む語を指導する際には，手拍子を打って確認するなど，拍数を意識できるようにすることが重要である。教科書では，図9-1のように「音節」（拍）に対応した記号〈例：「おじいさん」〉が用いられているため，それらの記号を手がかりとしながら音節（拍）と文字とを結びつける指導を行うとよい。

　さらに，仮名文字の表記の仕方で困難を伴うのが，エ列・オ列長音の例外表記〈例：せいかつ，おおかみ〉や助詞の「は」「を」「へ」，四つ仮名

図9-1　音節（拍）に対応した記号の例
出典：学校図書，2015。

〈じ・ぢ・ず・づ〉を含む語の表記法である。これらの表記の仕方については，昭和61年内閣告示「現代仮名遣い」（平成22年「常用漢字表」の内閣告示に伴い一部改正）を確認したうえで指導にあたることが大切である。学習者が表記の仕方に気づけるように，様々な読み書きの場面を通して継続的に指導を行うようにしていきたい。

【ローマ字】

　ローマ字の学習は，第3学年で取り扱うことになっている。表9-2の指導事項における「日常使われている簡単な単語」とは，「地名や人名などの固有名詞を含めた，児童が日常目にする簡単な単語のこと」（新学習指導要領　解説）を意味する。国語科教育で取り扱うローマ字の表記は，昭和29年内閣告示「ローマ字のつづり方」に基づいている。

　教科書では，道路案内標識や駅名の看板の写真など，身の回りで使われているローマ字を見つけて読み書きする学習が多く取り上げられている。日常生活で学習者が目にするローマ字も多いため，教科書教材だけでなく学習者が収集したものも教材として活用するとよいだろう。また，ローマ字表や仮名文字の

五十音図を活用しながら，子音と母音の組合せなどの規則性に気づかせるような学習も取り入れたい。

【漢　字】

　小学校で学習対象となる漢字は，新学習指導要領の別表「学年別漢字配当表」に示されている1026字である。漢字の読みについては，当該学年に配当されている漢字の音読みや訓読みができるようにすることが求められている。漢字を書くことについては，習得に時間がかかることから2学年間という時間をかけて指導を行うことが示されている。第6学年に配当された漢字の書きについては，当該学年において漸次書き，文や文章の中で使うとともに，中学校の第2学年までの間で確実に身につけることとなっている。

　表音文字である仮名とは異なり，漢字は「形・音・義（意味）」を備えた表意（語）文字であり，その造字法・運用法は「六書」（象形，指事，会意，形声，仮借，転注）によって説明される。第1学年及び第2学年では，「山」や「日」などの「象形文字」や「上」や「下」などの「指事文字」が主な学習対象文字であることから，これらの学習をとおして漢字に対する興味や関心を高めていくとよいだろう。ほかにも，「林」や「休」のように字の意味と意味とを組み合わせた「会意文字」や「語」や「河」など意味と音とを組み合わせた「形声文字」などがあり，これらの造字法によってたくさんの漢字がつくられたことや，それによってあらゆる言葉（概念）を書き表すことができるようになったことに気づかせたい。

　第3学年及び第4学年からは漢字による熟語などの語句使用が増えてくるため，国語辞典や漢字辞典も活用しながら読み書きする活動を取り入れ，学習した漢字を使う習慣を身につけられるようにする。

　第5学年及び第6学年では，「細かい」「細い」などの送り仮名が指導事項として設定されている。昭和48年内閣告示「送り仮名の付け方」（昭和56年・平成22年に一部改正）を確認したうえで指導を行うことが大切である。学習指導法としては，たとえば「生」や「明」など複数の読み方がある漢字を取り上げ，「生える」や「生まれる」，「明るい」や「明ける」など送り仮名を添えること

によって漢字の読み方や意味を使い分けていることに気づかせていきたい。「読むこと」や「書くこと」の学習指導において文章中の漢字表記を取り上げたり，学習者の書字事例を取り上げたりして指導するのもよいだろう。

漢字の指導にあたっては，漢字の読字・書字の技能指導だけでなく，読み書きする活動を通して漢字の特徴や有効性に気づかせるようにし，文や文章の中で積極的に使う姿勢を育むことが大切である。また，学習者が手書きした文字の評価は，字種ごとの許容範囲を理解したうえで行う必要がある。この点については，小林（1998）や文化庁（2016）に詳しく記されているので参照してほしい。

（3）語句・語彙

語彙力は，すべての教科の学びの基盤となるものであり，語彙の量と質を豊かにする指導の充実が求められている。

「語彙」の指導事項は，大まかに分類すると「語句の量を増すこと」と「語句のまとまりや関係，構成や変化について理解すること」「語感や言葉の使い方に対する感覚を磨き，語や語句を使うこと」の3つの内容から構成されている。

新学習指導要領 解説には，語のまとまりについて「意味」「性質」「役割」の3つの観点から記されている。まず，「意味による語句のまとまり」とは，「ある語句を中心として，同義語や類義語と対義語など，その語句と様々な意味関係にある語句が集まって構成している集合」を意味する。「性質による語句のまとまり」とは，「物の名前を表す語句や，動きを表す語句，様子を表す語句などのまとまりのこと」を指し，「役割による語句のまとまり」とは，「文の主語になる語句，述語になる語句，修飾する語句などのまとまりのこと」を意味する。これらの語句のまとまりを中心としながら適宜多様な語句を取り上げて学習対象とし，日常生活の中でも使いこなせるようにすることが重要である。

（4）文や文章

「文や文章」の指導事項には，主語と述語の関係や修飾と被修飾との関係な

どに加えて，語句の係り方や語順，文と文の関係，話や文章の構成や展開など
について理解することが示されている。学年が上がるにつれて「文」から「文
章」へとより体系的・構造的な学びに発展している。これらの学習を行ううえ
で，主語・述語，修飾語・被修飾語，接続語といった文法用語は重要な役割を
担っている。国語科教育における「学校文法」は，橋本進吉の文法論の流れを
汲むものであるが，授業では文法論や文法の知識を単に教えるということを目
的とするのではなく，あくまでも文や文章の内容を理解したり表現したりする
ための文法分析力の育成に向けて，小学校段階では身近な言語事象を取り上げ
ながら文法への意識を高めていくことが大切である。

3 「言葉の使い方」について

　私たちは，言葉を用いて表現する際に，相手や場，目的などに応じて言葉の
使い方を変えている。たとえば，改まった場で大勢の人に話す場合には，丁寧
な言葉遣いでゆっくりと間を取りながら話すが，親しい人と私的な場で話すと
きにはくだけた表現を用いて話すなど，表現の仕方を変えている。また，他者
が表現したものを見たり聞いたりする際にも，言葉の使い方に着目してその真
意を汲み取ろうとしているだろう。たとえば，物語を読む際に，なぜ作者はこ
のような言葉を選んで用いているのか，ここで倒置法を用いているのはなぜか
などと考えながら読んでみると，新たな見方を手に入れることがある。
　このような言葉の使い方に関わる指導事項である「話し言葉」「言葉遣い」
「表現の技法」「音読，朗読」について取り上げてみたい。

（1）話し言葉
　新学習指導要領の第1学年及び第2学年，第3学年及び第4学年の「イ」は，
話し言葉に関する指導事項である。第1学年及び第2学年は，「音節と文字と
の関係，アクセントによる語の意味の違いなどに気づくとともに，姿勢や口形，
発声や発音に注意して話すこと」，第3学年及び第4学年は「相手を見て話し

162

たり聞いたりするとともに，言葉の抑揚や強弱，間の取り方などに注意して話すこと」が位置づけられている。

第1学年及び第2学年の「アクセントによる語の意味の違い」は，音声的な面から語を識別することに関わっているという点において重要である。日本語のアクセントは，一般的に音節（拍）の高低として理解されるため，「橋」と「箸」，「飴」と「雨」などの例を取り上げながら，意味の違いに気づくように指導を行う。また，「話すこと・聞くこと」の指導と関連させて，姿勢や口形，明瞭な発音の仕方を身につけられるようにするとともに，よりよい話し方・聞き方について，実際に話す聞く活動を通して考えられるようにしたい。

（2）言葉づかい

第1学年及び第2学年は，「丁寧な言葉と普通の言葉との違いに気を付けて使うとともに，敬体で書かれた文章に慣れること」，第3学年及び第4学年は「丁寧な言葉を使うとともに，敬体と常体との違いに注意しながら書くこと」が指導事項として設定されている。話すときの言葉づかいは，相手との関係性や人数，話す場の状況などに応じて使い分ける必要があり，その使い分けを意識して用いることができるようにすることが大切である。

第5学年及び第6学年では，「日常よく使われる敬語を理解し使い慣れること」が位置づけられている。教科書では，尊敬語・謙譲語・丁寧語の用語を提示したうえで，日常生活で多く用いられている敬語が例示されている。指導にあたっては，敬語を使用する場面設定を行ったうえで，場や相手との関係を意識しながら言葉を選んで使いこなす学習を多く取り入れていきたい。また，学校外での学習などの機会を利用して，実際に敬語を使って相手と会話をする学習を積極的に取り入れ，日常生活でも使えるようにしていくことが重要である。

（3）表現の技法

第5学年及び第6学年には，「表現の技法」に関する指導事項として「比喩や反復などの表現の工夫に気付くこと」が示されている。たとえば，レオ・レ

オニ作・絵 ／ 谷川俊太郎訳「スイミー」（学校図書，二年 上）の「にじいろの ゼリーのような　くらげ」のように，これまでの学習において目にしたり耳に したりした言葉の中に見られる比喩や反復，倒置などの表現技法を取り上げて 整理し，表現の効果について話し合うとともに，実際に技法を用いて表現する 学習を設定していきたい。

（4）音読，朗読

　第1学年及び第2学年では，「語のまとまりや言葉の響きなどに気を付けて 音読すること」，第3学年及び第4学年では，「文章全体の構成や内容の大体を 意識しながら音読すること」，第5学年及び第6学年では，「文章を音読したり 朗読したりすること」が指導事項に設定されている。

　音読の学習の際には，指導者は学習者の音読の様子をよく観察し，文字の音 声化の仕方や，語句や文などをどのようなまとまりで読んでいるのか，読んで 理解したことをどのように表現しようとしているのかなどについて把握するよ うに努めることが大切である。第3学年及び第4学年では，文から文章全体を 意識して音読できるようにするとともに，音読だけでなく黙読も活用して文章 の内容理解を深めていくことを指導の目的とする。さらに，第5学年及び第6 学年では，文章の構成や内容を理解して音声化するだけでなく，自分の思いや 考えも聞き手に伝わるように表現を工夫しながら音読や朗読をすることが求め られている。いずれも，「読むこと」の学習と関連させて指導にあたることが 重要である。

引用・参考文献

大槻和夫編著（2001）『国語科重要用語300の基礎知識』明治図書。

学校図書（2015）『みんなとまなぶ　しょうがっこうこくご 一ねん 上』『みんなとま なぶ　しょうがっこうこくご 二年 上』。

教育課程部会（2016）「言語能力の向上に関する特別チームにおける審議の取りまと め」。

小林一仁（1998）『バツをつけない漢字指導』大修館書店。

髙木まさき・寺井正憲・中村敦雄・山元隆春編著（2015）『国語科重要用語事典』明

第 9 章　言葉の特徴や使い方に関する学習指導

治図書。

文化庁（2016）『常用漢字表の字体・字形に関する指針：文化審議会国語分科会報告
　（平成28年 2 月29日）』三省堂。

文部科学省（2018）『小学校学習指導要領（平成29年告示）解説　国語編』東洋館出版社。

【学習の課題】

(1)　日常生活における具体的な発話を取り上げ，その発話における「言葉の働き」
　について具体的に指摘しよう。

(2)　文字（平仮名・片仮名・漢字・ローマ字）の読み書きにおける誤表記の例を取
　り上げ，その要因と指導法について考えてみよう。

(3)　教科書に採録されている文章教材を 1 つ取り上げ，その中で用いられている表
　現の技法とその効果について指摘しよう。

【さらに学びたい人のための図書】

沖森卓也（編著）（2010）『日本語ライブラリー　日本語概説』朝倉書店。
　　⇨日本語の音韻・音声，文字・表記，語彙，文法などについて簡潔にまとめられ
　　ている。言語指導のために必要な基礎的な知識を身につけることができる。

日本国語教育学会（2017）『シリーズ国語授業づくり　語彙——言葉を広げる』東洋
　館出版社。
　　⇨語句・語彙学習の意義と役割や語彙学習指導の方法について具体的に記されて
　　いる。また，語彙指導に関する疑問についての解決策も示されている。

松本仁志（2012）『筆順のはなし』中央公論新社。
　　⇨漢字指導において取り上げられることの多い「筆順」について，その歴史や指
　　導法について分かりやすく整理された本である。

（長岡由記）

<table>
<tr><td>第10章</td><td>情報の扱い方に関する学習指導</td></tr>
</table>

この章で学ぶこと

　新学習指導要領における「情報の扱い方に関する事項」の指導事項を理解する。まず，この事項の背景にある「論理」について，「広義の論理」と「狭義の論理」の具体的な内容や歴史的な研究業績である西郷竹彦の認識の理論についての理解を深める。また，「情報の扱い方に関わる事項」の「情報と情報との関係」や「情報の整理」の指導事項を踏まえた，低中高学年の教材研究の要点について学ぶ。最終的に，高学年の説明的文章教材である「森林のおくりもの」を使って「情報の扱い方に関わる事項」を踏まえた単元づくりを学ぶ。

1　「情報の扱い方に関する事項」とは何か

　「情報の扱い方に関する事項」は，新学習指導要領において〔知識及び技能〕の中に新設された事項である。これは，話や文章に含まれている情報の扱い方に関する事項である。新学習指導要領 解説によれば，「急速に情報化が進展する社会において，様々な媒体の中から必要な情報を取り出したり，情報同士の関係を分かりやすく整理したり，発信したい情報を様々な手段で表現したりすることが求められている」とし，「話や文章に含まれている情報を取り出して整理したり，その関係を捉えたりすることが，話や文章を正確に理解することにつながり，また，自分のもつ情報を整理して，その関係を分かりやすく明確にすることが，話や文章で適切に表現することにつながる」と記している。

　「情報の扱い方に関する事項」には，話や文章に含まれる「情報と情報との関係」を捉える事項と，話や文章にある情報や自分のもつ情報を整理する「情

報の整理」の事項とがある。「情報と情報との関係」には、「話したり聞いたり書いたり読んだりするために共通して必要となる「知識及び技能」として改めて整理し、基本的なものを取り上げて系統的に示している」として、他領域で示された指導事項と重複を恐れず掲載されている。また、「情報の整理」については、「言語活動の中で使うことができるようにすることが重要である」と記している。

　具体的な内容は表10-1のとおりである。なお、「情報の扱い方に関する事項」については、中学校の指導事項も合わせて見たほうが良いと考えるので（その理由は後述する）、表10-2に掲載しておく。

表10-1　小学校における「情報の扱い方」に関する事項

	第1学年及び第2学年	第3学年及び第4学年	第5学年及び第6学年
情報と情報との関係	ア　共通、相違、事柄の順序など情報と情報との関係について理解すること。	ア　考えとそれを支える理由や事例、全体と中心など情報と情報との関係について理解すること。	ア　原因と結果など情報と情報との関係について理解すること。
情報の整理		イ　比較や分類の仕方、必要な語句などの書き留め方、引用の仕方や出典の示し方、辞書や事典の使い方を理解し使うこと。	イ　情報と情報との関係付けの仕方、図などによる語句と語句との関係の表し方を理解し使うこと。

出典：新学習指導要領　解説より。

表10-2　中学校における「情報の扱い方」に関する事項

	第1学年	第2学年	第3学年
情報と情報との関係	ア　原因と結果、意見と根拠など情報と情報との関係について理解すること。	ア　意見と根拠、具体と抽象など情報と情報との関係について理解すること。	ア　具体と抽象など情報と情報との関係について理解を深めること。
情報の整理	イ　比較や分類、関係付けなどの情報の整理の仕方、引用の仕方や出典の示し方について理解を深め、それらを使うこと。	イ　情報と情報との関係の様々な表し方を理解し使うこと。	イ　情報の信頼性の確かめ方を理解し使うこと。

出典：新学習指導要領　解説より。

表10-3　新学習指導要領に出ている「情報の扱い方」のキーワード

小学校		中学校	
1年・2年	・共通，相違，事柄の順序	1年	・原因と結果の関係 ・意見と根拠の関係
3年・4年	・考えと理由や事例 ・全体と中心 ・比較，分類	2年	・意見と根拠の関係 ・具体と抽象の関係
5年・6年	・原因と結果	3年	・具体と抽象の関係

　「情報の扱い方に関する事項」に含まれる内容，とくに「情報と情報との関係」に含まれる内容は，従来から「論理」あるいは「広義の論理」と呼ばれていた内容と重なる。ここでいう「論理」は，語と語，文と文，段落と段落などの，「情報と情報との関係」すべてを指している。このうち，「原因と結果」という因果関係をとくに「論理」という場合もあるので，本章では前者を「広義の論理」，後者を「論理（あるいは狭義の論理)」と呼ぶことにする。

　西郷（1998）は，「ものの見方・考え方」として，次の内容をあげ，低学年で3まで，中学年で6まで，高学年で9まで教えたいとしている。

```
0  観点      目的意識・問題意識・価値意識
1  比較      分析・総合    分ける―まとめる
           類似性，同一性―類比（反復）    相違性―対比
2  順序，展開，過程，変化，発展
3  理由・原因・根拠
4  類別
5  条件・仮定
6  構造，関係，機能，還元
7  選択（効果，工夫)・変換
8  仮説・模式
9  関連（連環)，相関，類推
```

　一方，小学校と中学校の新学習指導要領の「情報の扱い方」に出てくる要素を取り出すと表10-3のようにまとめることができる。

　こうしてみると，西郷が「理由・原因・根拠」を低学年までに教えたいとし

168

第10章　情報の扱い方に関する学習指導

ているのに対し，新学習指導要領では，「理由」が小学校の中学年，「原因」が高学年と中1，「根拠」が中1と中2となっている。一方で，両者の発想や拠って立つ基盤は異なるが，類似した内容もみられる。このことから，「広義の論理」に何が入るかや，どの学年にどの内容を入れればいいかについて定説がないことがわかる。

さらにいえば，「はじめ—なか—おわり」の構成をよくとるといわれる小学校中学年の説明文には，第8章で記したように「はじめ（抽象）—なか（具体）—おわり（抽象）」の「情報と情報との関係」がみられる。新学習指導要領では，中2から中3になっているが，実際の文章は小学校中学年にみられるのである。

こういったことから，「情報と情報との関係」に出てくる内容は，小学校中学校にかかわらず，どの内容も教材に即して教えるべきものは教えたほうがいいというのが筆者の考えである。つまり，当該教材の中で「情報と情報との関係」として重要な関係（たとえば，具体—抽象）があれば，学年に関係なく教えるということである。

2 各学年の「情報の扱い方」に関する事項の指導

（1）低学年の指導

低学年の指導事項は，「共通」「相違」「事柄の順序」となっている。「事柄の順序」は，「話すこと・聞くこと」「書くこと」および「読むこと」領域の説明文の指導事項でもある。

「事柄の順序」についての説明的文章の授業づくりについては，第8章を参照してほしい。文学的文章については，「読むこと」領域の学習目標に加えて，物語の順序に注目して授業をすることが考えられる。たとえば，時間の順序を日記風にしてみるとか，年表風にするとかである。また書くことや話すことにおいても，「事柄の順序」については，それぞれの領域の学習で行うことができる。

「共通」「相違」という項目は，あらゆる領域での学習が可能である。低学年向きに「同じ」あるいは「似ている」と「違う」という言葉に変えて様々な対

象に当てはめさせてみるのである。「話すこと」や「書くこと」領域では，何かと何かを比べてそれぞれの「似ている」ところと「違う」ところを書かせたり話させたりする。また，「聞くこと」領域では友達の発表を聞いて，自分の発表の内容や表現の仕方と比べ，「似ている」ところと「違う」ところを発表させたりするのである。

「読むこと」領域においては，文学的文章の場合は，ある登場人物と別の登場人物とを比べ，「似ている」ところと「違う」ところを考えさせたりする。たとえば，アーノルド・ローベルの『お手紙』（小学校2年生 下，平成29年度版，光村図書）では，「かえるくん」と「がまくん」とを比べるのである。ほかにも，説明的文章教材の場合は，『じどうしゃくらべ』（小学校1年生 下，平成29年度版，光村図書）や『いろいろなふね』（小学校1年生 下，平成29年度版，東京書籍）では，それぞれの説明的文章教材の目標に加えて，車同士，あるいは，船同士を比べ，それぞれの「似ている」ところと「違う」ところを考えさせたりするのである。

（2）中学年の指導

中学年の指導事項は大変多い。まず，「情報と情報との関係」は，「考えと理由や事例」と「全体と中心」がある。

「考えと理由や事例」は，「話すこと・聞くこと」「書くこと」および「読むこと」領域の説明的文章の指導事項にも出ている。したがって，これらの領域で学習するときは，当然学ぶことになる。「読むこと」領域の文学的文章の場合はどうだろうか。この場合は，物語の中の「考えと理由や事例」を捉えるというよりも，たとえば登場人物の気持ちを捉えるとき，「このときの登場人物の気持ちはこういうものだと思う（考え）」「なぜならこういう理由があるから（理由）」「そのことは，この叙述から想像できる（事例）」というかたちで考えたり書いたり発表したりするのである。

実は「考えと理由や事例」というのは一つの「論証」のパターンであり，俗に「三角ロジック」といわれるものである。この「三角ロジック」は，ある程度の普遍性があるからこそ，「話すこと・聞くこと」「書くこと」，および「読

むこと」それぞれの領域で有効であり，身につけさせたい。

　国語科の授業では，「このときの登場人物の気持ちは何ですか」と質問する
ときに「叙述に基づいて」ということが多い。しかし，これを取り違えて，
「叙述に書いてあるとおり」と捉えてしまう学習者がいる。気持ちは大抵の場
合書いていないので，「気持ちはわかりません」と答えてしまう。本来ここは，
「○○と書いてあるけれど，ここはどんな気持ちが想像（推論）できるかな。
その理由とともに教えて」というべきであろう。また書くときも，「○○に行
きました。楽しかったです」では，事例（事実）と考え（感想）しかないので，
「○○に行きました。楽しかったです。どうしてかというと，○○」というよ
うに理由を書かせることで，相手にわかりやすく伝えられることを教えたい。

　次に「全体と中心」であるが，「中心」という指導事項は，「話すこと・聞く
こと」「書くこと」，および「読むこと」領域の説明文の指導事項にも出ている。
これらの領域で学習するときは，当然学ぶことになる。ただ，ここでは，「全
体」と組み合わされているのであり，「全体」と「中心」あるいは「中心以外」
と「中心」がどのような関係になっているかを考えることが重要である。

　第8章でみた『とんぼのひみつ』（小学3年生 上，平成21年度版，学校図書）で
は，中の3つの段落それぞれの冒頭に，一文で，その段落の「中心」が書かれ
ていた（このような文を「中心文」という）。この段落の内部で，「中心文」とそ
れ以外は「概観（まとめ，抽象）」と「詳細（具体）」との関係になっている。こ
のような関係をおさえたい。また，「話すこと」や「書くこと」の場合は，「事
例（具体）」から，「まとめ（抽象）」をつくり，それを中心文にして段落や文章
をつくることを教えていきたい。

　次に，「情報の整理」についてである。「比較や分類の仕方」については，話
を聞いたり文章を読んだりするときに，比較したり分類したりしながら，また，
それらを図などに表現しながら理解する活動を，様々な領域の授業で行いたい。
その際，比較の観点や分類の観点を明確にしておくことで，「抽象化能力」を
も育てることができる。

　「必要な語句などの書き留め方」については，まず，言語活動を設定する中

で目的や相手を明確にしたうえで，それらを意識して必要な語句を判断するようにしたい。そのうえで，話や文章の内容を網羅的に書き出したり，機械的にメモをとったりするのではなく，必要な情報だけをメモしたりノートに書きとめたりパソコンに入力する活動を行いたい。

　「引用の仕方や出典の示し方」についてであるが，「引用」においては，必ず，引用する部分を「　」（かぎ）でくくること，また，引用には，図表やグラフ，絵や写真も含むことを指導したい。「出典」については，タイトル，著作者，発行年などを明記し，読み手があとで確認できるようにさせたい。また，引用や出典については，著作権保護という視点を伝えるようにしたい。様々な言語活動や書くことの指導においてこれらの指導事項を指導する。

　「辞書や事典の使い方」については，国語辞典や漢字辞典にとどまらず様々な種類の辞書や事典について，その構造や使い方を教えるとともに，授業の様々な場面で活用できるようにしたい。国語辞典については，わからない語句を調べ付箋を貼るといった使い方だけではなく，その語句の意味が実際の文脈ではどのような意味として使われているか意識させることが，辞書・事典の使い方であることを確認させる。

（3）高学年の指導

　高学年の指導事項は「原因と結果などの理解」「情報と情報との関係付けの仕方」「図による語句と語句との関係の表し方」である。

　「原因と結果」については，科学的な説明文に頻繁に使われる関係である。「なぜこうなるのか」「だからこうなる」といった因果関係の把握は，論理関係の把握の第一歩であり，また最も重要な関係である。ここでは高学年の指導事項に入っているが，小学1年生から「なぜなら」「だから」といった接続語を使用することで，因果関係について表現と理解をしていくことが重要である。

　また，高学年のその他の項目について総合的にいえることは，これまでの学習や中学校で学習するものも含めて，「広義の論理」について，それを理解し，その関係を図などで表現していくことを学ぶことが求められるということである。

新学習指導要領 解説には「複数の語句を丸や四角で囲んだり，語句と語句を線でつないだりするなど，図示することによって情報を整理する」とし，その意義として，「考えをより明確なものにしたり，思考をまとめたりすることができる」としている。

第8章でも触れたが，説明文などを読み取ったことを元にしたり，また，自分の意見を発信したりする際に，プレゼンテーションをさせることは，現代的な意義があるだけではなく，読む，書く，聞く，話すすべての力を伸ばすことになり，さらに，ここでつけようとしている「情報と情報との関係」を把握したり表現したりする力を養うこともできる。したがって，小学校高学年では，様々な場で，様々な形のプレゼンテーション（スライドを見せるプレゼンテーション，フリップやポスターを使ったプレゼンテーションなど）を行わせたい。

③ 単元に組み込んだ計画の一例

以上を踏まえて，小学校5年生の教材である『森林のおくりもの』（小学5年生下，平成29年度版，東京書籍）の単元を構想する。学習目標は次のとおりである。

〈態度目標〉（学びに向かう力）
　本単元や教材，授業に興味関心をもつ
〈知識・技能の目標〉
　①　原因と結果や，主張―理由―事例などの関係について理解する（「学習指導要領　情報の扱い方（ア）」による）
　②　原因と結果や，主張―理由―事例などの関係の表し方をスライドに表現する（「学習指導要領　情報の扱い方（イ）」による）
〈読むことの目標〉（思考力，判断力，表現力等）
　①　事実と感想，意見などとの関係を叙述を基に押さえ，文章全体の構成を捉えて要旨を把握する（「学習指導要領　読むこと（ア）」による）
　②　プレゼンテーションを作るという目的に応じて，文章と図表などを結び付けて必要な情報を見付けたり，論の進め方について考えたりする。（「学習指導要領　読むこと（ウ）」による）
〈価値目標〉（人間性等）
　文章を読んでまとめた意見や感想を共有し，森林保護についての自分の考えを広げる（「学習指導要領　読むこと（カ）」による）

次に具体的な単元プランを示す。

【第0次】

態度目標（学びに向かう力）の形成

教材文を読む前に，森林の保護について本や資料を読んだり先生の話を聞いたりして，自分なりの感想をもつ

【第1次】

態度目標・技能目標（読むこと）の形成

• 教材文を読み，筆者の主張を確認する

• 筆者の主張について納得するかどうか，またその理由について自分の考えを確認する

• 言語活動として，プレゼンテーションのためのシートにまとめることを知り，単元の見通しをもつ

【第2次】

技能目標の形成

• 教材文を読み，最後の段落の2つの主張（「緑豊かな国土に生まれたことの幸せに感謝しなければなりません」「森林を育てる仕事のすばらしさ，とうとさを考えなければならない」）に沿った2つの論理的関係を，事例―理由―主張（考え）を図にしたプレゼンテーションシートにまとめる

• 2つの論理的関係の妥当性を捉えるために，それぞれの事例の「原因と結果」の関係を捉え，プレゼンテーションシートに書く

【第3次】

価値目標（人間性等）の形成

• あらためて筆者の主張と2つの論理的関係について，納得したかどうか，また，説得されたかどうかについて，自分の考えを書く

• 上のことに加え，筆者の主張も踏まえて，自分なりの森林保護についての根拠―理由―主張を書き，プレゼンテーションシートにまとめ，校内で発表会を開く

　説明文を読み，プレゼンテーションにしていく中で，「広義の論理」を捉え表現していく学習活動が行われていることを確認してほしい。

　このようなかたちで「情報の扱い方」の指導事項を実際の授業に組み込んでほしい。

第10章　情報の扱い方に関する学習指導

引用・参考文献

西郷竹彦（1998）『西郷竹彦文芸教育全集』4巻　恒文社。

文部科学省（2018）『小学校学習指導要領　解説　国語編』。

―――（学習の課題）――――――――――――――――――――――――――

(1)　第8章を参考にしながら，「情報の扱い方」を目標に取り入れた，説明的文章
　　教材の低学年の単元をつくってみよう。

(2)　「情報の扱い方」を目標に取り入れた，文学的文章教材の中学年の単元をつ
　　くってみよう。

【さらに学びたい人のための図書】

難波博孝（2018）『ナンバ先生のやさしくわかる論理の授業――国語科で論理力を育
　　てる』明治図書。
　　　⇨広義の論理，狭義の論理などすべての論理について，講座形式でわかりやすく
　　　学べる書。

野矢茂樹（2017）『大人のための国語ゼミ』山川出版社。
　　　⇨論理的に文章を読むとはどういうことかを丁寧に教えてくれる。教師が論理力
　　　をつけるのにうってつけの書。

（難波博孝）

| 第11章 | 伝統的な言語文化に関する学習指導 |

この章で学ぶこと

伝統的な言語文化は，新学習指導要領にある〔知識及び技能〕のうち「(3) 我が国の言語文化に関する事項」において取り扱うものである。小学校で学ぶことになる伝統的な言語文化とはどのようなものだろうか。本章では，伝統的な言語文化の性質を解説したうえで，その学習指導の構想の仕方を提案する。

1 伝統的な言語文化とは

（1）言語文化

「言語文化」という言葉になじみはあるだろうか。この言葉は，一般的な辞書にも採録されていないし，日常的な会話の中で使われることもまれである。しかし，ためしに言語文化という言葉がタイトルに含まれている本や論文を探してみてほしい。少なくない数が見つかるはずだ。

この言葉によって意識させられるのは，「言語」と「文化」とが密接な関わりをもっているということである。文化は，絵画や音楽，暗黙のルールや規範，人々の振る舞いなど，多岐にわたるものによってかたちづくられている。しかし，よく考えてみれば，これらのいずれにおいても，言語が様々なかたちで関わっていることに思い至る。たとえば，私たちは絵のよしあしを時に言語を使って表現（批評）する。スポーツの試合において，言語を使って作戦を立てる。ルールやマナーを言葉によって表現しようとする。

ここでとくに重要なのは，そこで用いられる言語自体も，その人が属するコミュニティや風土，それまで生きてきて触れてきた文化に大きく影響されてい

第11章　伝統的な言語文化に関する学習指導

るということである。私たちの言語は，文化と切り離されては存在しない。人が使う言語は，必ずその人が生きる文化を背負っている。

　国語科がその教科内容として取り扱う言語は，文化と強い関係をもっている。言語文化という言葉は，私たちにそのことを強く意識させるものであり，直接的・間接的に国語科が教科内容として取り扱うものなのである。

（2）学習指導要領と言語文化

　まず，新学習指導要領の中で言語文化がどのように扱われているかを確認しておこう。学習指導要領における国語科の内容構成の全体像は表11-1のとおりである。

表11-1　国語科の内容構成

〔知識及び技能〕	〔思考力，判断力，表現力等〕
(1)　言葉の特徴や使い方に関する事項 (2)　情報の扱い方に関する事項 (3)　我が国の言語文化に関する事項	A　話すこと・聞くこと B　書くこと C　読むこと

　　出典：新学習指導要領をもとに筆者作成。

　このうち，〔知識及び技能〕において「(3) 我が国の言語文化に関する事項」として言語文化は取り扱われる。その内容については，新学習指導要領 解説 国語編で次のように説明されている。

　我が国の言語文化とは，我が国の歴史の中で創造され，継承されてきた<u>文化的に価値をもつ言語そのもの</u>，つまり<u>文化としての言語</u>，またそれらを実際の生活で使用することによって形成されてきた<u>文化的な言語生活</u>，さらには，古代から現代までの各時代にわたって，表現し，受容されてきた<u>多様な言語芸術や芸能</u>などを幅広く指している。今回の改訂では，これらに関わる「伝統的な言語文化」「言葉の由来や変化」「書写」「読書」に関する内容を「我が国の言語文化に関する事項」として整理した

（下線は引用者による）

　ここでの「我が国」とは日本のことを指す。下線を引いた箇所の幅広さからも，国語科で取り扱う学習内容はすべてが言語文化だと考えられるが，とくに

「創造され，継承されてきた」という歴史的な視点をもって接近しようとするのが「我が国の言語文化に関する事項」だと考えてよいだろう。

　とりわけ，さらに歴史的な視点が強いのが「伝統的な言語文化」である。この章では，とくにこの伝統的な言語文化について考察していく。

（3）伝統的な言語文化

　さて，「伝統的な言語文化」といわれたとき，どのようなものを想像するだろうか。「伝統」といわれて思い起こすものは，育ってきた地域や触れてきた文化によっても違っているはずだ。ある人は，百人一首を思い浮かべたかもしれない。またある人は，地域に伝わる唄のことを思い浮かべたかもしれない。行ったことのある神社の絵馬を思い浮かべる人もいるかもしれない。

　結論からいえば，もちろんそれらすべてが伝統的な言語文化である。『国語科重要用語事典』では，伝統的な言語文化について「日本の代表的な古典（古文・漢文）を中心とし，近代以降のテキストや古典芸能をも含む広領域の教育素材を指す」（内藤，2015）と定義している。広領域にわたる伝統的な言語文化について，学習指導要領では，次頁の表11-2のようにこれを扱うことを定めている。

　第1学年及び第2学年では，「昔話」や「神話・伝承」「言葉遊び」が取り上げられている。教科書でも，「いなばの白うさぎ」や「花さかじいさん」などの教材が掲載されている。「長く親しまれている言葉遊び」としては，「しりとり」や「なぞなぞ」などの遊びがみられる。

　第3学年及び第4学年では，「易しい文語調の短歌や俳句」「長い間使われてきたことわざや慣用句，故事成語など」の教材が取り上げられている。短歌や俳句としては，「百人一首」や松尾芭蕉や小林一茶などのものが多い。

　第5学年及び第6学年では，「親しみやすい古文や漢文，近代以降の文語調の文章」や「古典について解説した文章」などが取り上げられている。教科書に掲載されている教材としては，『竹取物語』や『論語』，古典から現代までの言葉の移り変わりを解説した文章などがある。

第11章　伝統的な言語文化に関する学習指導

表11-2　伝統的な言語文化に関する指導事項

第1学年及び第2学年	第3学年及び第4学年	第5学年及び第6学年
ア　昔話や神話・伝承などの読み聞かせを聞くなどして，我が国の伝統的な言語文化に親しむこと	ア　易しい文語調の短歌や俳句を音読したり暗唱したりするなどして，言葉の響きやリズムに親しむこと	ア　親しみやすい古文や漢文，近代以降の文語調の文章を音読するなどして，言葉の響きやリズムに親しむこと
イ　長く親しまれている言葉遊びを通して，言葉の豊かさに気付くこと	イ　長い間使われてきたことわざや慣用句，故事成語などの意味を知り，使うこと	イ　古典について解説した文章を読んだり作品の内容の大体を知ったりすることを通して，昔の人のものの見方や感じ方を知ること
（第3学年及び第4学年，第5学年及び第6学年のウは「言葉の由来や変化」だが，「伝統的な言語文化」との関係が強い）	ウ　漢字が，へんやつくりなどから構成されていることについて理解すること	ウ　語句の由来などに関心をもつとともに，時間の経過による言葉の変化や世代による言葉の違いに気付き，共通語と方言との違いを理解すること。また，仮名及び漢字の由来，特質などについて理解すること

出典：新学習指導要領より。

　このように，教科書には，伝統的な言語文化の典型例といえるものが掲載されているが，教材はこれらに限定されるわけではない。たとえば，地域で知られている民話も「昔話」として扱い得るし，古典に取材した現代の物語なども教材にすることができる。とくに小学校においては，「教科書の教材（たとえば『竹取物語』）に必ず触れさせなければならない」と考えるのではなく，目標や学習者の実態に沿った教材を選びたい。そのためには，教師自身が伝統的な言語文化を見つける目をもつ必要がある。

　2　伝統的な言語文化に関する学習を構想する

（1）授業構想のための三つの観点

　それでは，伝統的な言語文化に関して，どのように学習を構想することができるだろうか。このことを考えるためには，次の三つの観点を関連させるといいだろう。

〈学習の目標〉…その学習が何を目標とするか

〈学習活動〉…どのような言語活動や教材をとおして学習を行うか

〈学習者の状況〉…その学習を行う学習者はどのような状況にあるか

　まず，伝統的な言語文化に関する学習の〈学習の目標〉はどのように考えられるだろうか。これまでにもみてきたとおり，伝統的な言語文化に関する学習は，自分たちの周りにある言語文化に歴史的な視点から接近することになる。このとき，接近の仕方には，大きく分けて2つの種類があると考えられる。

(1)　伝統的な言語文化に親しむ……同化

(2)　伝統的な言語文化について考察する……対象化

　(1)は，伝統的な言語文化にとびこむことで，それを経験することである。学習指導要領の内容でいうと，昔話や神話・伝承などの読み聞かせを聞くことや，古文や漢文を音読して言葉の響きやリズムに親しむことなどが該当する。これを，ここでは「同化」と呼んでみたい。

　(2)は，(1)とは逆に，伝統的な言語文化を少し距離をおいた視点からながめることで，それを分析することである。学習指導要領の内容でいうと，古典について解説した文章を読んで考えることなどが該当する。これを，ここでは「対象化」と呼んでみたい。

　伝統的な言語文化は，私たちにとって，親しいものであると同時に未知のものでもある。伝統的な言語文化の〈学習の目標〉は，経験（同化）することと，分析（対象化）することとを通して，より深く伝統的な言語文化を理解することにある。同化するだけでは経験しただけで終わってしまうだろう。経験することは大切だが，それだけでは「暗誦したな」とか「そういえば読んだな」といった思い出にしかならない。逆に，対象化するだけでは遠くから見ているだけで終わってしまうだろう。分析するだけではなく，実際に触れて経験することは，実感をもって文化を理解することにつながる。

　では，ここから〈学習の活動〉をどのように構想できるだろうか。図11-1の

第11章　伝統的な言語文化に関する学習指導

ように〈学習の目標〉をヨコ軸に置き、これに対して、〈学習の活動〉を「理解活動」と「表現活動」としてタテ軸に置いてみる。今回はこれを使って、〈学習の目標〉と〈学習の活動〉とを関連づけて考えてみよう。

図には、矢印で「音読」から「解説文を読む」へ、という流れを書いた。これを具体化すると、次のような思考の流れになる。

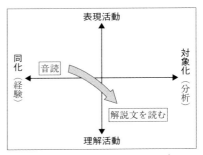

図11-1　学習活動構想マップ

「今回の授業は、まずは「春はあけぼの」を音読して『枕草子』の世界を追体験する同化・表現活動を経験させよう。こういうふうに自然や営みを言葉にしたものを読む機会は、子どもたちには少ないはずだ。そこから、自分なりの四季のものを語る随筆を書く同化・表現活動を行うのも一つの学習ではあるけど、今回は『枕草子』のことをよく知ってほしいから、なぜ清少納言が当時と異なる価値観の文章を書いたのか、簡単な解説文を読む対象化・理解活動をしてみたい。人と同じではない見方をすることについて考える機会になるだろう。それは、常識にがんじがらめになりはじめている子にとっても、よい学びになるはずだ」

学習指導は、活動先行で考えるのではなく、そこで達成したい〈学習の目標〉をもとにして考えたい。その際、必ずしも、一つの単元の中に「理解活動」「表現活動」という活動の両方と、「同化」「対象化」という目標の両方とを入れる必要はない。

さて、最後に回したが、〈学習者の状況〉は授業を考えるうえでは最も大事なことである。私たちが構想しようとしている学習の「主役」である学習者はどのような人たちなのか、何を知っているか、どのような文化の中で生活しているか、何を知らないのか、何を学ぶ可能性があるか、といったことを考えることは、学習を構想するうえで必須である。学習者は自身の生活を背景にして学習を行う。

表11-3では、図11-1を使って考えた学習活動を3点紹介する。伝統的な

181

表 11-3　学習活動構想マップをもとにした学習活動の例

【昔話のひみつを見つけよう】2 年生

〈目標〉
　色々な昔話を読み，それらの共通点を見つける

〈活動〉
(1) 昔話を読む（学校図書館を使う）
(2) 昔話の共通点を見つけ（繰り返しがある，「3」という数字が出てくる，など），それを発表する
　　※ただし，対象化は低学年では難しいことがある。学習者の状況を見て，その内容を考えたい

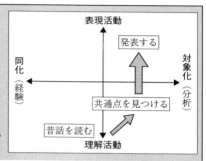

昔話には共通するパターンがある。この活動は，昔話以外の物語に触れるときにも，そこにどういった仕掛けがあるかを意識することにつながる。

【ことわざ図鑑をつくろう】3 年生

〈目標〉
　身のまわりでことわざがどのように使われているかを理解する

〈活動〉
(1) 新聞や本からことわざの使用例を探す
(2) 取り上げたことわざについて，「ことわざの解説」「使われていたもの」「使われ方」などを調べて図鑑にする

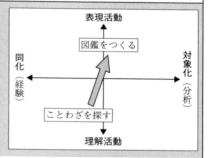

日常生活の中でもことわざは使われているが，学習者たちはあまり気がついていないかもしれない。身近な伝統的な言語文化に触れる活動である。

【漢字・漢文伝来の秘密をさぐる】6 年生

〈目標〉
　漢字や漢文がどのように日本で使われはじめたのかを知る

〈活動〉
(1) 漢文（論語や憲法十七条）を読む
(2) 漢字や漢文の伝来についての解説書をそれぞれが調べ，漢字・漢文伝来がどのように行われたかを発表する

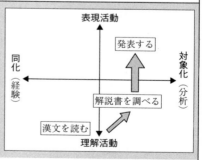

漢文を「国語」で学習する理由は，それが日本語の祖の一つになったからである。現在も使われている漢字や漢語のルーツを探る活動である。

第11章　伝統的な言語文化に関する学習指導

言語文化に関する学習は，「話すこと・聞くこと」「書くこと」「読むこと」のすべてと関連させて取り扱うことができる。多様な学習方法があることを知り，自分でも考えられるようになってほしい。

（2）授業構想の例

　小学校5年生を想定してみよう。教科書には，『平家物語』や『徒然草』の冒頭部が掲載されている。しかし，そのままその教材を読んでも，クラスの子どもたちはあまり興味を示しそうにない。暗誦をしてもいいが，4年生でも百人一首の暗誦を行ったので，今回は「同化」よりも「対象化」を行いたい。

　子どもと古典との関わりをどのようにデザインすればよいだろうか。そう思いながら，子どもたちが普段から触れているものをながめていると，その中に古典由来の言い回しがあることに気がつく。

- 「ねらわれしネコ2世」（『妖怪ウォッチ』第190話のタイトル）
- 「エクスペクト・パトローナム，守護霊よ来たれ！」
  （J. K. ローリング『ハリー・ポッターとアズカバンの囚人』静山社）

　これらの言い回しは，普段の言い回しとは少し違う雰囲気を出すために使われていると考えられる。古語を使うことで，厳めしいイメージになったり，高貴なイメージを出したりすることができる。

　子どもは，おそらく感覚的にはその言い回しのねらいや意味がわかっていると思うが，それをじっくりと対象化したことはないだろう。現在の日本語の中でも，「ちょっと違うな」と思う表現が，実は古典で使われている言葉であると知ることは，日本語の歴史と伝統的な言語文化に興味を抱くきっかけになるのではないか。

　ここまで〈学習者の状況〉を考えたところで，〈学習の目標〉がかたちになってきた。〈学習の目標〉を「身の回りの言葉の中に，古典の言葉が今も息づいていることを理解する」と設定してみる。

　さて，〈学習の活動〉はどうしようか，子ども自身が，「ここにもある」「あそ

183

こにもある」と発見しなければ，この学習は意味がないだろう。メインとなる学習は，身の回りにある言葉から，古典に由来する言葉を探してくるワードハンティング（言葉あつめ）とする。

しかし，どれが古典に由来する言葉なのか，子どもはわかるだろうか。モデルがあったほうがいいかもしれない。子どもも歌ったことのある『故郷』(高野辰之作詞・岡野貞一作曲)を使ってみよう。

> 兎追ひしかの山　小鮒釣りしかの川　夢は今もめぐりて　忘れがたき故郷

歌ってはいても，歌詞の意味はわかっていないかもしれない。歌詞の意味を確認しながら，古語が使われているところをみんなで見つけていこう。そのあと，現代語訳（「兎追ったあの山　小鮒釣ったあの川　夢は今もめぐって　忘れがたい故郷」）と並べてみたら，「元のほうが雰囲気がある」「訳したほうがわかりやすい」など，言葉の印象についての話ができるだろう。

子どもが見つけてくる言葉には，多少古典に由来する言葉ではないものも混じるかもしれないが，それも含めて「よく考えると普段は使っていない言葉」のもつ効果に目を向ける機会になるとよい。

ここまで考えたところを図11-2のように書いた。あとは実際の子どもの活動の様子を思い浮かべ，ワードハンティングの手引きを考えて具体化していきながら授業を組み立てていくことになる。

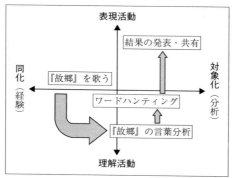

図11-2　古典の言葉を探すワードハンティングの学習活動構想マップ

第11章　伝統的な言語文化に関する学習指導

3　「伝統」とつきあうこと

　伝統的な言語文化を学ぶことは，遠いようで近い私たちの文化について考えることである。しかし一つ留意が必要なのは，「私たち」とは何か，ということである。最初にも述べたように，言語文化は個人によって異なっている。それは，文化が，生まれた国・地域，育ってきた環境とつながる多層的なものだからである。

　「伝統」は，時に人に対する抑圧として，「みんないっしょ」であることを求めてくるときがあるが，それに対しては距離がとれるようでありたい。たとえば，次のようなことを考えられるといいだろう。

- 「伝統」であるからといって，必ずしも大事であるわけではない
- 「伝統」とは多かれ少なかれ意図的に選びとられてきたものである
- 自分にとって大切にしたい「伝統」が，他の人にとっても同様であるとは限らない

「対象化」の学習は，「伝統」をただ良きものとするのではなく，それとどうつき合っていくかを考える学習でもあるのだ。

引用・参考文献

J.K. ローリング（2001）『ハリー・ポッターとアズカバンの囚人』静山社，309頁。
内藤一志（2015）「伝統的な言語文化」『国語科重要用語事典』明治図書，209頁。
村上呂里・萩野敦子編（2014）『沖縄から考える「伝統的な言語文化」の学び論』溪水社。
文部科学省（2017）『小学校学習指導要領　解説　国語編』。

学習の課題

(1)　伝統的な言語文化として取り扱うことができる教材を，日常生活の中から探してみよう。
(2)　書店や図書館の児童書コーナーに行って，教材を探してみよう。
(3)　図11‐1や授業構想の例を参考にしながら，自分でも学習活動を計画して，自分自身で実際にその活動をやってみよう。

【さらに学びたい人のための図書】

難波博孝・東広島市立原小学校（2009）『表現力・思考力も身に付く伝統的な言語文化の授業づくり』明治図書。

　⇨伝統的な言語文化を学ぶ意義についての分析に加え，小学校6年間と特別支援学級の授業の様子が，学習指導案とともに報告されている。

沖森卓也（2010）『はじめて読む日本語の歴史』ベレ出版。

　⇨日本語と漢字との出会いや，そこから日本語がどのような変化を経て現在の日本語になってきたかをわかりやすく解説している。

ハルオ・シラネほか（1999）『創造された古典』新曜社。

　⇨古典が，どのように「古典」として価値あるものとされたのかを考察している。古典を対象化するための本として，一読するとよいだろう。

（冨安慎吾）

第12章　書写の学習

この章で学ぶこと

　書写のねらいは，伝え合うための文字を子ども一人ひとりに定着させることにある。一方，国語科の指導事項の一つに位置づけられていながら，あたかも独立した一つの教科のように理解される向きもある。また，手本をまねる時間であるといった誤解もある。この章では，まず，書写で行う「文字を書くこと」の学習の意義を明らかにする。さらに，これからの書写学習に求められる視点をあげる。書写の学習は，日常の多様な状況のもと，その場の目的，書こうとする内容の意味と読み手との関係など，様々な情報から書き方や用具・用材を適切に選択・判断して書いていけるようになるためのものである。その実現への過程において，思考力や判断力，さらに書写に必要な運動能力がどう関わっているのか検討していきたい。

1　「文字を書くこと」の学習としての書写

（1）「文字を書くこと」の学習の意義

　情報機器が高度に発達した現代では，文字を手で書く機会が減っている。パソコンやスマートフォンに代表される情報機器を誰もが使うようになった現在，文字を手書きする場面は限られてきたといってよい。学校においても電子黒板やタブレット端末が競うかのように導入され，学び方も変わってきている。

　このような状況においては，当然のごとく「文字を書くこと」の学習はもはや必要ないとの声もささやかれる。一方，これからの社会において文字を書くことは本当になくなっていくのか，さらに「文字を書くこと」が私たち人間にとってどのような意味をもっているのか，といったことも含め，「文字を書くことの学習」の意義について改めて考えるべき時がきている。学習の場をみれ

ば，たとえば新しい漢字を何回も書いて覚えるなど，「文字を書くこと」の学習への効果はみな経験上知っており，とくに，義務教育の段階において「文字を書くこと」の学習は，意味をもち続けていくものと考えられる。

私たちは，文字によってコミュニケーションの広がりを享受できた。インターネットによってそれは地球規模での広がりをみせている。情報機器の発達による恩恵でもあるが，もともとは長い間，人が手書きしてきたのが「文字」だった。

日本語の表記に使用される，漢字や仮名の字形は，漢字の書体の変遷や仮名の成立の過程をみても明らかなように，長い時間をかけて簡略化の道をたどった。いわば日常で使いやすいよう，実用化されてきたとも捉えることができる。さらに，毛筆で漢字や仮名を書くことによって，書という漢字圏独自の芸術にまで高められていった。私たちにとって，「文字」や「文字を書くこと」は，これからも継承すべき大切な文化でもある。

（2）国語科における書写の位置づけとねらい

新学習指導要領の国語科の目標に，「言語活動を通して，国語で正確に理解し適切に表現する資質・能力を次のとおり育成することを目指す」「国語について，その特質を理解し適切に使うことができるようにする」「人との関わりの中で伝え合う力を高め，思考力や想像力を養う」「言語感覚を養い，国語の大切さを自覚し，国語を尊重してその能力の向上を図る態度を養う」などの文言がみえ，書写の学習もこの目標のもとに行われる。

書写は，国語科の〔知識及び技能〕のうちの，(3)我が国の言語文化に関する事項に位置する指導事項の一つである。「A 話すこと・聞くこと」「B 書くこと」「C 読むこと」などの領域と関わりをもちながら，国語科の目標の達成を目指していくものである。

この構成の中で，〔知識及び技能〕の(1)言葉の特徴や使い方に関する事項の「話し言葉と書き言葉」や「漢字と仮名に関するきまりや句読点，ローマ字の読み書き」（第3学年及び第4学年）や「文や文章を読みやすいものにするため

の漢字と仮名の使い分けや送り仮名，仮名遣い」（第5学年及び第6学年）についての学習は，書写が土台になるであろう。「漢字」は，「漢字の読みと書きに関する事項」において，2学年間をかけて，「確実に書き」「使えるようにする」と示されている。また，(3)我が国の言語文化に関する事項の「言葉の由来や変化」には，「部首と他の部分とによって漢字が構成されることを知るとともに，実際の漢字についてその構成を理解すること」（第3学年及び第4学年）とあり，これらは書写の学習内容と密接に関連していくことがわかる。さらに，文字が語句・文・文章というかたちで使用されていることを考えれば，「B　書くこと」領域との関わりについても視野に入れておくべきであろう。

　このような書写の位置づけや，他の領域や事項との関わりをみていくと，書写が，単独で独立できる存在ではないということ，さらに，国語科における言葉の学習に機能していくべきものであるということが理解できる。

　この位置づけからみえてくる書写のねらいは，伝え合うための文字を子ども一人ひとりに定着させることにある。文字は，読むこと，書くことができる段階から，語句・文・文章の中で「使う」ことができる段階にまで進んで，初めて習得したといえる。書写は，文字を書くことから語句・文・文章の中で「使う」ことまで，文字習得の流れに密接に対応しながら進めていく学習なのである。

（3）国語科書写で育てる力

　書写で定着すべき力は，すべての学習活動の基礎となるものと考えたい。書写の指導事項は，文字を正しく，整えて，速く，そして文や文章を調和よく書くために必要なものであり，そのための能力を身につけていくとともに，学習や生活に役立てていこうとする態度をも育んでいくためのものである。

　学習指導にあたっては，国語科の目標を踏まえながら，各学年に示されている学習内容をより効率的・効果的に扱いながら進めていきたい。

　新学習指導要領に示されている各学年の書写の学習内容は次のとおりである。

【第1学年及び第2学年】

(ア) 姿勢や筆記具の持ち方を正しくして書くこと。

(イ) 点画の書き方や文字の形に注意しながら，筆順に従って丁寧に書くこと。

(ウ) 点画相互の接し方や交わり方，長短や方向などに注意して，文字を正しく書くこと。

【第3学年及び第4学年】

(ア) 文字の組立て方を理解し，形を整えて書くこと。

(イ) 漢字や仮名の大きさ，配列に注意して書くこと。

(ウ) 毛筆を使用して点画の書き方への理解を深め，筆圧などに注意して書くこと。

【第5学年及び第6学年】

(ア) 用紙全体との関係に注意して，文字の大きさや配列などを決めるとともに，書く速さを意識して書くこと。

(イ) 毛筆を使用して，穂先の動きと点画のつながりを意識して書くこと。

(ウ) 目的に応じて使用する筆記具を選び，その特徴を生かして書くこと。

（4）「文字を書くこと」の学習の4段階

「文字を書くこと」の学習は，次の4つの段階に分けられると考えられている。

① 文字を正しく書くことができる段階

② 文字を正しく整えて書くことができる段階

③ 文字群（語句・文・文章）を整えて速さを変えて書くことができる段階

④ 多様な書表現ができる段階

①は，字体の正しさを扱う段階である。文字としての最低限の決まりを学習する段階である。低学年の学習における，たとえば基本点画を繰り返し練習し徹底を図るという段階である。②は，字体の正しさに加えて，読みやすさに必要とされる「整った」字形を求めていく段階である。中学年における，漢字や平仮名を毛筆で大きく書き，文字の「整い」について理解を図る段階である。③は，文や文章などの文字群の調和や書くときの速さの調節を求める書写指導の段階である。高学年における，文字群を場面や目的に応じて速さを変えるなどしなが

ら適切に書くという段階である。書写で求められる指導の段階は③までとなる。

　レベル④は，多様な表現を追究する高等学校芸術科書道で求められる学習の段階であり，書写では基本的に扱われない。

（5）「文字を書くこと」と書写技能の運用能力

　これからの書写の学習では，基礎的・基本的な書写能力を身につけるだけでなく，それを日常へと生かす，書写技能の「運用能力」がさらに求められることになる。書写の学習が日常生活へ資するための学習であることを考えれば，実際に使えなければ意味をもたないことは明らかである。残念ながら，こうした「運用能力」の育成という視点からは，まだまだ実践が行われていないのが現状である。

　書写技能の運用能力とは，書写の授業で習得した基礎的・基本的な技能を，文字を書く場面の様々な状況に応じて使いこなす能力のこととされる。新学習指導要領の第5学年及び第6学年の(ア)と(ウ)の指導事項は，この能力の育成を示したものであると読み取れる。どのような状況下でも適切に対処できる，すなわち，その場面の目的，書こうとする内容の意味と読み手との関係など，様々な情報から書き方や用具・用材を適切に選択・判断して書いていくという能力である。

　しかしながら，現実の日常生活の場は，練習の時とは比較にならないほどの多様な条件や情報に取り巻かれている。しかも状況は刻々と変化し流動的でもある。それを克服し実現していくための運用能力が，いかに高度な力であるかは容易に想像がつくことだろう。この運用能力は次のように分類される。

---

① 技能への確かな理解とそれを実践するための運動技能
② 各場面の状況判断をもとにして書き方の選択ができるような認識能力
③ 字形の弁別といった知覚的認識や感性的認識
④ 技能理論をもとにした字形操作や書字場面の状況判断

　これらが複合的に関連していくと考えられ，もし書写の指導が，従来いわれる「手本のものまね」に終始するようなら，こうした運用能力は身についていかない。

運用能力の育成にあたっては，前項（4）のそれぞれの学習段階においていかに思考的な活動を取り入れていくことができるかにかかっているといえる。

2　これからの書写学習に求められる視点

（1）「基礎・基本」の徹底を図ること

　正しく整った文字が書けることは，文字によるコミュニケーションを図っていくための前提である。そのためにも書写技能の基礎・基本は欠かせない。そこには基礎・基本の学習の繰り返しが求められる。

　まず，望ましい姿勢と筆記用具の持ち方の学習である。すべての書写の学習活動を支える基本的な学習として，第1学年から第6学年まで，根気よく繰り返し指導することが必要である。

　次に，線や点画を確実に書くための学習が求められる。文字を構成するのは線や点画であるからである。線や点画の始筆・送筆・終筆を確実に書く力が，正しく整った文字を書くうえで欠かすことができない。

　また，交わり方や接し方，方向，長さ，間隔など，点画相互の関係に着目する学習が求められる。交わる位置や接する位置によっては誤字を生み出すこともあるし，間隔が不ぞろいでは整った文字とはならない。点画相互の関係性を正しく把握して書く力が，正しく整った文字を書くうえでは欠かせない。筆順への理解もここで関わっていくことになる。

　さらに，文字の外形に関する学習と，へんとつくり，かんむりとあしなど，漢字の部分相互の組み立て方に関する学習が求められる。文字にはおおよその外形があり，それを手がかりに文字の全体的な形を把握するのである。また，複合漢字を正しく整えて書くためには，部分と部分の組み立て方の学習が不可欠となっていく。

　この一文字の字形の整え方から，漢字と平仮名の調和，さらには文字群の調和へと系統的に進められていくことになる。小学校書写のすべてが基礎・基本と考えてよいだろう。

第12章　書写の学習

（2）「相手意識」と「目的意識」をもつということ

　人間は互いに意志や感情，思考を伝達し合う。私たちは文字を用いて，何か
を誰かに伝えようとする。お礼状を書く，記録をとる，今日あったことを手帳
に書きとどめるなど，文字を書くときには，自分をも含めた読み手がそこに存
在し，いずれ誰かが読むであろうことを意識しながら書いているのである。

　このことが，書写で大事にしたい「相手意識」である。読み手がどう読むか
を考えながら，丁寧に書くことを意識したり，読みやすく書こうとしたりする。
この態度を大事にしたい。さらに，実際に読みやすく書ける力をつけていくこ
とが，書写で学ぶ内容の大切なことになる。

　また，日常の中で文字を書く目的は多岐にわたり，それぞれに，その目的に
ふさわしい書き方がある。お礼の気持ちを手紙に書いて伝えたいときもあれば，
データや情報を急いで書きとめておきたい場面もある。書く目的によって自ず
と書き方は異なっていくことになる。

　何のために書くのかを考え，「目的意識」をもって，それぞれの目的にふさ
わしい書き方で書こうとする態度も大事にしていきたい。さらに，実際にその
場面にふさわしい書き方を判断して書く力をつけていくことも，書写で学ぶ内
容の大切なことになる。このように，これからの書写における学びでは「相手
意識」と「目的意識」とがさらに重要になっていく。

　前節の（4）でも触れたように，芸術科書道が毛筆による多様な美的表現を
目指すのに対し，書写は硬筆によって，生活の中に生かすことのできる力を身
につけていくことを目指している。人間と人間とのコミュニケーションのため
の書写力といってもよい。そのためには，読み手にとって読みやすい字を書け
るようにしていくこと，さらに，日常生活の中の様々な場面において，目的に
応じて書き方を選んで書いていく力が求められることになるのである。

（3）書写にも求められる思考を伴った学び

　字形は図形と捉えることも可能であるが，規則性を伴った記号としての図形
であると説明される。この規則性こそが，書写技能を応用可能な技能として成

立させるとともに，技能を習得する過程や応用する場において，思考を伴わせ
ていると考えられている。

　教材文字には学ぶべき書写技能が含まれている。たとえば「画と画の間を均
一にする」「文字の中心をそろえて書く」ことなどが，「整い」つまり読みやす
い字形につながっていくことを学ぶのである。

　教材文字を書き写すだけの活動では，形を似せるための思考，つまり図形的
な思考が行われると考えられる。似せて書くために，画の長短や位置関係と
いった，いわばその文字にしか当てはまらない情報を読み取ろうと努力する。
それに対して，教材文字に含まれる書写技能を学びの対象とする場合，たとえ
ば「なぜ整って見えるのだろう」という視点で技能を見つけ出そうとする。さ
らに，そこから他の文字にも共通する規則性を見出そうとすること，そこに思
考が伴うことになる。

　それぞれの教材に含まれている書写技能は何かを読み取り（発見），それを
学習者へと投げかける。具体的には工夫されている点をあげさせる（学び合い）
などし，さらに，その工夫が他の文字や場面にも生かすことのできる技能と
して抽象化されてはじめて，思考を伴った学習といえるのである。

　書写技能とは，主に文字や文字群を正しく整えて書く力であるが，書写技能
を運用する実際の場は，「手紙を書く」とか「報告書を書く」とか「ノートを
とる」といった日常生活や他の教科の学習活動における現実的な場なのである。
それぞれの場面において状況判断ができるようになれば，書写の学びを日常生
活や他の学習活動に生かすことが容易になる。そのためにも前項で触れた相手
意識や目的意識を伴った場面設定による書字練習がここでも必要になる。

（4）書写で身につけたい運動能力

　これまでの書写の指導事項は，字形や字配りなどのいわゆる「形」中心の内
容であったが，学習指導要領〔2008（平成20）年〕から，「筆圧などに注意して
書くこと」「穂先の動きと点画のつながりを意識して書くこと」という内容が
加わるなど，字形面と運動面双方へのバランスが図られることになった。それ

は，子どもの書字場面に着目したとき，滑らかさを欠く手指の動きに無視できない課題がみえてきたからでもある。新学習指導要領でもこの双方へのバランスは踏襲されており，子どもの書字の実態を踏まえて，文字を書くことに必要な運動能力の育成にも配慮することが示されているのである。

運動能力育成のための学習に効果的なのが，毛筆という用具である。毛筆は弾力があり，筆圧を感じながら書いたり，穂先を意識して穂先のつながりを考えたりするのに適している。これらの毛筆の特性を生かし，文字を書くのに必要な運動能力の基礎を養うことが求められる。

また，書写の学習は毛筆による学習で完結するのでなく，硬筆学習へとつながりをもって連携していくのであって，毛筆で始まり毛筆による清書で完結してしまったのでは，毛筆書写技能向上のための書写学習でしかない。繰り返しになるが，書写は，日常生活で使用する鉛筆やボールペンなどによる硬筆による書写力を高めることを目的としている。

運動能力の育成に関しての課題は，毛筆による学習で習得した運動能力をどのように硬筆に生かすのかということである。いわゆる「硬毛関連学習」と呼ばれ，これまで長い時間をかけ，多くの取組みが行われてきた。しかし，「字形」という面での連携がほとんどであったことが指摘されている。これからは，運動能力の面での連携への取組みが期待される。

（5）子どもの実態に目を向けた授業改善

毛筆を使うことで受け継がれてきた書写の本質は，「文字を正しく整え，速さを調節しながら書く力」を子どもに身につけていくこと，また，工夫して書くことを支える「思考力や文字感覚」を子どもに身につけることにある。

毛筆を使うことが伝統文化を受け継いでいくことではない。書写力・文字感覚の育成は，今を生きる子どもの多様な実態を踏まえて進めていくべきだろう。「主体的・対話的で深い学び」への改善等，教師に今求められている役割に立ち返り，柔軟に構え，今の子どもの書写力を育成するためにはどうしたらよいのかを客観的に考えてみることが大事だろう。

書写で指導すべき内容を教えるだけでなく，子どもの書いている姿に目を向け，つまずきの原因を考えたり，子どもの発見や気づきを大切にした授業展開を考えたり，また，子ども同士の学び合いを積極的に進めたりと，画一的な授業展開から脱皮し，書写力・文字感覚の育成への方途を探っていく姿勢を大切にしていきたい。

　最後に，情報機器の普及により，手書きされる場面が私的な場面に限定されていくことを考えれば，書き文字の「個性」という視点も重要になっていくと予測される。自分ならではの文字が書けるようになることは，文字を書くことが好きになり，自分の文字を大切にしていく態度にもつながっていく。その人らしい文字とはどういう文字のことか，この書き文字の「個性」を育む視点も忘れないようにしたい。

3　これからも工夫が求められる指導

（1）左利きの子どもへの指導について

　「左利きの子どもへの指導はどうすればよいか」「右利きに変えさせるべきか」といった各所から寄せられる疑問は，これからの書写指導を考えるうえで避けて通れない課題となっている。クラスを見渡せば，左手で書いている子どもが必ずいるというのが実態である。指導者のみならず「右手で書かせたほうがよいのか」といった保護者の不安の声もある。

　甲骨文字にみられる動物などの象形がみな左向きであることからも，漢字は右手で書かれて（刻されて）きたことがわかる。漢字や仮名の字形が右手で書かれる中で定着したことを考えると，右手が有利であることは歴然であり，左利きも文字を書くときは右手で，という指導が穏当であるとの考え方もあった。また，「左手ではうまく書けない」という固定観念も根強くあり，保護者の中には右手で書くよう矯正させられたという人も少なくないだろう。

　小林（2006）によると，「日本での左利きに関する社会的・文化的圧力は強く，その中でも書字に関しての疑問や不安は大きな比重を占める」と上述のよ

うな課題に触れている。学習指導要領〔1947（昭和22）年〕以降の文部省，文部科学省発行・告示『小学校学習指導要領』において，左利きの児童の学習指導に関する内容は，昭和26年版に「左きき児童は，無理に右手で書かせない。左ききが正常な児童は，左手で書かせてもよい」と記されているのみであることを指摘し，文部科学省検定済小学校書写用教科書でも，全書において左手書字に関する記述はないことをあげ（2006年時点），左利き児童への書写指導のあり方がいまだ不明確なままになっているのが現状であるとしている。

　さらに，小林は，利き手および左利きに関する先行研究として，生物学・心理学（主として大脳生理学・神経生理学・神経心理学・発達心理学・教育心理学）の分野における，左利きおよび左利き者の書字に関する文献的な考察を行っており，利き手の変更は脳機能の変更をもたらさないこと。利き手の成因から「矯正」を考える場合，左利きを無理に右利きに変えることは有害無益だとするものが多いことを指摘している。さらに，生物学および心理学の分野での諸論文に立脚した際，書字という行為のために左利きを右利きに変更させなければならない決定的な論拠は皆無であるとも述べている。

　まとめると，これからの指導では，左手で書くことは確かに不便ではあるものの，生物学的・心理学的な知見を踏まえれば，右手で書くことが有利だからという理由だけで右手で書くことを強いるのは避けるべきであるということになる。

　左利き児童への指導の着眼点として，筆記具の持ち方と用紙の置き方の2つが提案されている。

　筆記具の持ち方に関しては，右手で書く際と同様に，人差し指，親指，中指がそれぞれに機能していくと考えれば，右手での持ち方をそのまま反転させた対称的な持ち方が仮定できる。右利きへの指導と同様，就学前の子どもへの指導も含め，発達段階に応じた筆記具の望ましい持ち方について，粘り強い指導が求められていくことになるだろう。

　また，右利きとの差異は，横画の書き方において顕著に表れる。右利きで横画を「引いて書く」のに対し，左利きでは「押しながら書く」ことになってしまい，無理が生ずることになる。そこで，用紙の置き方に工夫を加え，「押す」を「引

紙の角度は矢印で示してあるぐらいにする。

図12-1　斜めがき筆法

出典：小林，2006（箱崎編，1972）より。

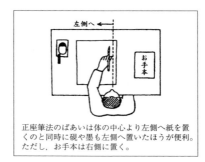

正座筆法のばあいは体の中心より左側へ紙を置くのと同時に硯や墨も左側へ置いたほうが便利。ただし，お手本は右側に置く。

図12-2　正座筆法

く」へと変える置き方が提案されている。一つは，用紙の角度を45度斜めに置く方法（図12-1）。二つ目に，体の中心から左側へずらして置く方法である（図12-2）。前者では横画の角度を右上がりに調整できると同時に，両者ともに「引く」動きで書けるようになる。小林論文にも紹介されているので参照されたい。

　なお，この時，毛筆でも硬筆でも課題手本を置く場所は，右側になることを付け加えておきたい。左手で課題手本が隠れていることが意外に多いことを指摘したものもある。小林は，次のように述べる。

　　　左利きの児童・生徒への書写指導において最も重視すべきことは，「左利きである」という児童・生徒の実態である。「利き手」との観点から右手と左手の平等性に立脚し，左利きの児童・生徒が無理なく書字に臨めるよう，左利き者の立場に立った書字及びその教育の在り方を探究していくことが必要である。

　左利き児童への指導はなおも確立されていないのが現状であることを踏まえると，指導の成果の集積が待たれる。ここでは，利き手の違いは尊重されるべきだということを確認するとともに，利き手の違いが学習者の不利益にならないような書写の指導へと改善していく必要があることをおさえるにとどめたい。

（2）水書用筆の使用について

　前節の（4）で書写の運動能力に触れたが，このことに関わり，新学習指導要

第12章　書写の学習

領 解説では，「水書用筆」という用具の使用を推奨している。

　まず，新学習指導要領 解説から引用する。内容の取扱いについての配慮事項(カ)に，「(エ) 第1学年及び第2学年の(3)のウの(イ)の指導については，適切に運筆する能力の向上につながるよう，指導を工夫すること」とあり，さらに，このことに関わって次の解説が続く。

　(エ)は，第1学年及び第2学年の〔知識及び技能〕の(3)ウ(イ)における「点画の書き方や文字の形に注意しながら」書くことの指導について，適切に運筆する能力の向上につながるよう，指導を工夫することを示している。水書用筆等を使用した運筆指導を取り入れるなど，早い段階から硬筆書写の能力を高めるための関連的な指導を工夫することが望ましい。水書用筆は，扱いが簡便で弾力性に富み，時間の経過とともに筆跡が消えるという特性をもっている。その特性を生かして，「点画」の始筆から，送筆，終筆（とめ，はね，はらい）までの一連の動作を繰り返し練習することは，学習活動や日常生活において，硬筆で適切に運筆する習慣の定着につながる。また，水書用筆等を使用する指導は，第3学年から始まる毛筆を使用する書写の指導への移行を円滑にすることにもつながる。（「内容の取り扱いについての配慮事項」「カ(エ)」）

（下線は筆者による）

　毛筆を使用する指導と水書用筆を使用する指導との違いは，毛筆を使用する指導が，運筆，字形，字配りの指導を含む，つまり硬筆書写の基礎を養うための包括的な指導であるのに対して，水書用筆を使用する指導は，適切に運筆する能力の向上に特化した限定的なものと理解することができる。

　前節の（3）でも触れたように，字形は規則性を伴った記号としての図形であることを踏まえると，その構成要素としての線や基本点画への理解と習熟はとりわけ大切といえる。漢字を構成する線は，概念的には「線」であるが，実際には「面積のある形」である。また，基本点画では筆の「穂先」が各点画の端を通ることにより，規則性が生ずる。

　ここでは，弾力の備わった水書用筆を使用することが，より線や基本点画への理解を促すと同時に，リズムを伴う運筆の定着につながっていくであろうと見通しているのである。また，「筆跡が消える」という特性も，反復練習から

習熟へとつなげていくために都合がよい。水書用筆を使用した，実践の成果が待たれるところである。

引用・参考文献

小林比出代（2006）「左利き者の望ましい硬筆筆記具の持ち方に関する文献的考察——書写教育の見地から」『書写書道教育研究20号』30〜40頁。

箱崎総一編（1972）『左きき書道教本』左利き友の会，32〜36頁。

学習の課題

(1) あなたが学んだ書写の授業を思い起こしてみよう。この章で学んだ書写のねらいやこれからの書写指導における基本的なスタンスに照らしたとき，あなたが受けた書写の授業から改善すべき点を出し合ってみよう。

(2) 国語科に有機的に機能していく書写の学びとはどんなものか，もう一度整理してみよう。

【さらに学びたい人のための図書】

全国大学書写書道教育学会編（2013）『明解　書写教育』（増補新訂版）萱原書房。
　⇨全国大学書写書道教育学会の編纂によるもので，小中学校の書写について最新の知見に基づき解説している。

久米公（1989）『書写書道教育要説』萱原書房。
　⇨書写から書道への接続を視野に入れつつ，各々の指導の要諦について著者の実践を踏まえて取り上げ，学びという視点から両者を捉え直そうとしたもの。

松本仁志（2009）『「書くこと」の学びを支える国語科書写の展開』三省堂。
　⇨書写の学びが，国語科のとくに「書くこと」と密接に関わっていることをわかりやすく説明し，具体的な学習展開例が示されている。

小林比出代（2006）「左利き者の望ましい硬筆筆記具の持ち方に関する文献的考察——書写教育の見地から」『書写書道教育研究20号』。
　⇨左利きの子どもへの書写指導の在り方について，他分野の文献にも広く目を向け，その根拠を見出そうとするもの。また，先行研究から左利き学習者への指導の視点を示している。

松本仁志（2012）『筆順のはなし』中公新書ラクレ。
　⇨筆順はいつ誰が決めたのか。筆順のルールとはどういうものか，歴史を紐解くとともに，指導法も紹介しながら，筆順への様々な疑問に答えている。

（谷口邦彦）

第13章 読書指導

この章で学ぶこと

　この章では「読書指導」が新学習指導要領の中でどのように位置づけられているのかを理解するとともに，国語科教育におけるその具体的な指導目標や指導方法について学ぶ。読書指導は，それに特化した授業を展開する場合ももちろんあるが，基本的には国語科教育全体，学校教育全体の中で展開されるものである。まずはそのような読書指導の重要性や考え方を理解する。さらに実際の指導のイメージをもつことができるようになることを目標として学びを進める。

1　読書とは

　そもそも「読書」とはどのような行為なのであろうか。新学習指導要領 解説の中では，「『読書』とは，本を読むことに加え，新聞，雑誌を読んだり，何かを調べるために関係する資料を読んだりすることを含んでいる」と説明されている。つまり私たちが読書と聞いてまずイメージするような「楽しむために絵本や物語を読むこと」などに加えて，「情報を得るために新聞や雑誌などを読むこと」「課題を解決するために図鑑や資料などを読むこと」も含めるなど，広い意味で用いられていることがわかる。その意味では「新しい電子レンジの使い方を知るために説明書を読むこと」も立派な読書であるといえる。

　さらに今日の社会状況を考えると，たとえば読書指導の中で電子書籍をどう扱うのか，ネット上の掲示板や SNS の情報を読むことは読書なのか，音声資料や映像資料をよむことは読書なのかなどという議論も，今後の国語科教育の中で慎重に行われていく必要がある。ただし本章では，まずは紙を媒体とした

本や資料を読むことを前提として話を進め，その基本的な理解を深めていくこととする。

2 読書指導の新学習指導要領での位置づけ

　読書という行為が，子どもの言語能力を高めること，言語生活を豊かにするものであることはいうまでもないだろう。また子どもが，国語科，とくに「読むこと」の学習などを中心として身につける「文章を読む力」が，生涯を通して実生活の中で生きて働き続けるためにも，読書は極めて重要な言語活動であるといえる。読書に関わる確かな資質や能力を育てることは，国語科教育（とくに「読むこと」）と子どもの実際の言語生活との間に橋を架けることであり，同時に生涯をとおして自らの力で言語生活を向上させていくための自己学習力を身につけさせることにほかならない。

　このような考えに立ち，国語科教育では，豊かな読書指導を行うことの必要性をこれまでも重要視しており，学習指導要領〔2008（平成20）年告示〕においても「読むこと」の指導事項の中に，読書に関連する指導事項がはっきりと明記されている。そして，今回の新学習指導要領の特徴の一つとして，国語科教育としてこの読書指導をさらに重視するという姿勢が示されたことがあげられるだろう。新学習指導要領 解説の「国語科の改定の趣旨及び要点」の中に，読書指導について次のような記述がみられる。

中央教育審議会において，「読書は，国語科で育成を目指す資質・能力をより高める重要な活動の一つである。」とされたことを踏まえ，各学年において，国語科の学習が言語活動に結び付くよう〔知識及び技能〕に「読書」に関する指導事項を位置づけるとともに，「読むこと」の領域では，学校図書館などを利用して様々な本などから情報を得て活用する言語活動例を示した。

　ここで述べられているように，これまで「読むこと」領域の指導事項の一部として扱われていた読書に関する指導が，「伝統的な言語文化」の中に，独立

第13章　読書指導

表 13 - 1　「読書」に関する指導事項

第1学年及び第2学年	第3学年及び第4学年	第5学年及び第6学年
読書に親しみ，いろいろな本があることを知ること	幅広く読書に親しみ，読書が，必要な知識や情報を得ることに役立つことに気付くこと	日常的に読書に親しみ，読書が自分の考えを広げることに役立つことに気付くこと

した事項として新設されたことからも，新学習指導要領が読書指導を重視していることがよく表れている。

　そこで示されている指導事項は表13 - 1のとおりである。読書に親しむことを共通に据えながら，読書の質や，読書に対する認識などについて系統的な指導が求められていることがわかる。それぞれの学年に示された指導事項を，授業を通しどのように育てていくのかということが国語科教育における読書指導の中心的な方向性となる。

　また同時に，新学習指導要領の中では「読むこと」領域の言語活動例として「読書」に関わる活動（たとえば低学年であれば「学校図書館などを利用し，図鑑や科学的なことについて書かれた本などを読み，分かったことなどを説明する活動」など）が示されている。「読むこと」領域の指導と読書指導を密接に関連付けて展開していくことが求められているということである。

　ではなぜ新学習指導要領では読書に関する指導がここまで重視されているのであろうか。それは読書という言語活動が，新学習指導要領で重視されている「主体的に学ぶ」ことと深く関係しているからである。これは，新学習指導要領に示される「学年の目標」の「学びに向かう力，人間性等」の項目において，すべての学年において読書に関する内容の記述が見られることにも表れている（「(低) 楽しく読書をする」「(中) 幅広く読書をする」「(高) 進んで読書をする」）。

　新学習指導要領ではアクティブラーニング的な学習の展開が求められている。それにより，国語科に限らず様々な授業の中で，たとえば「児童が自らの力で問題解決的な取り組みを行う」などの活動場面が増えることが予想される。このような学習活動において，読書は児童が「主体的に学ぶ」ための極めて重要な学習方法の一つとなるだろう。同時に，そのような活動の中で身につけるこ

203

とが期待される「目的に応じて効果的な読書を行う力」は，生涯にわたって「主体的に学ぶ」ことができる人間の育成に大きく寄与すると考えられる。つまり，読書は授業の中で，あるいは生涯にわたって「主体的に学ぶ」ための手段として重要であり，その育成の中核的な役割を期待されているのが国語科教育なのである。

3　読書指導の目的

ここまでみてきたことを踏まえると，国語科教育における読書指導では，主に次の2つの力を育てることが求められていることがわかる。

（1）読書の価値を認識し，積極的に読書を行おうとする態度

積極的に自ら進んで多様な本や資料を手に取ろうとする態度をもつ子どもを育てるということがまず一つ目の目標としてあげられる。そしてそのためには「読書することの価値」を知ることが必要となる。ここでいう価値とは「読書をすることはそれ自体が楽しい」「読書をすることは課題を解決するために役立つ」「読書をすることは自分の成長に繋がる」など多様なものが想定される。子どもたちに，読書は生活や人生を豊かにするものであるということを，実感を伴なったかたちで理解させることが求められている。

（2）読書という行為を目的的に活用するための知識・技能

二つ目に，読書という行為を目的的に活用するための知識・技能の獲得があげられる。つまり情報活用能力としての読書である。目の前にある問題や課題を解決するための手段として，読書という言語活動を手段として活用することができる力を育てていかなければならない。そこには「どのような本を見ればよいのか」「利用したい本をどのように探すのか」「手に入れた情報をどのように利用するのか」などが含まれ，図書館（室）の利用の仕方についての理解などもここに関わるものである。「読むこと」や「書くこと」の指導と関連づけ

第13章　読書指導

ながら，実践的にこのような知識・技能が身につくように指導していくことが
必要である。

　これら2つの力を育てることが国語科教育における読書指導の目標の中核と
なる。しかしこの2つは別々のものではなく相互に関連している。読書を通し
て何かを成す，何かを得るという経験が，読書の価値に対する認識を深めるで
あろうし，その深化は児童を次の読書へ向かわせるものとなるだろう。このよ
うな良いサイクルが生じるように，短期的・長期的な視点から学習指導をデザ
インしていくことが授業者には求められている。本章では，これらの2つの力
を併せて発揮しながら読書を行う力を「読書力」と呼ぶこととする。

4　読書指導の方法

　ではその「読書力」育成のために，どのように読書指導を展開していけばよ
いのであろうか。まず理解しておかなければならないのは，読書指導は国語科
に限らず社会科や理科，総合的な学習の時間などすべての教科や領域の中で展
開されるべきものであること。さらにいえば朝読書の時間や休み時間など学校
生活全体を通して行われるものであるし，家庭や地域での取組みも必要となる。
ただしその中心的な役割を果たし，すべての児童に発達段階に応じた読書の力
を確実に身につけさせることが国語科教育には求められている。

　ここでは，「(1) 国語科授業の中での展開」と「(2) それ以外での展開」によ
く用いられる活動について取り上げていく。

（1）国語科授業の中での展開例

　新学習指導要領で読書に関する指導事項は，〔知識及び技能〕の「伝統的な
言語文化」の中に位置づけられている。解説では「〔知識及び技能〕に示す事
項については，〔思考力，判断力，表現力等〕に示す事項の指導をとおして指
導することを基本とし，必要に応じて，特定の事項だけを取り上げて指導した
り，それらをまとめて指導したりするなど，指導の効果を高めるよう工夫する

205

こと」とされている。つまり国語科授業の中での読書指導は大まかに次の2つの方向性が考えられる。

まず一つ目が,「話すこと・聞くこと」「書くこと」「読むこと」など〔思考力,判断力,表現力等〕に主眼を置く指導の中で,活動に即して「読書力」の育成を目指す展開である。よく用いられる活動として,ここでは「並行読書」「読書感想文」「調べ読み」を取り上げる。

【並行読書】

「読むこと」の指導の中で取り上げる教科書教材に関連する本や資料を,並行して読んでいくという活動である。たとえば同じ作者が書いたほかの作品を読むことで,その作者の作品世界をより豊かに味わうことを目指したり,教材と同じテーマの本や資料を並行して読むことで,そのテーマについての見方や考え方を広げたり深めたりすることを目指す活動などが考えられる。「○○（作者）作品のおもしろさを伝えよう」など発展的な言語活動へつなげていくことも効果的である。

【読書感想文】

「書くこと」の指導の中で読書感想文という文種を扱うことがある。しかし「何を書けばいいのかわからない」「どう書けばいいのかわからない」と読書感想文を書くことを嫌う子どもは決して少なくない。子どもに丸投げするのではなく,事前あるいは事中にその書き方を教師がきちんと指導するべきである。また「誰に向けて何のために書くのか」をはっきりとさせ,子どもが目的をもって取り組めるような支援も必要である。その本を読んだことが自分にとってどのような意味があるのかを自問し,「読書力」の育成につながるような活動にしたい。

【調べ読み】

「読むこと」や「書くこと」の指導の中で設定した課題について,本や資料を利用しつつ主体的に学習を進める活動である。たとえば「じどうしゃくらべ」（光村図書1年）を教材とした単元の発展的な活動として,自分が選んだ乗り物について本や図鑑で調べまとめることや,自分の町の魅力を伝えるスピーチを

第13章　読書指導

行う単元の指導の一部として，本や資料を利用して必要な情報を集めることなどが考えられる。ここでは主に読書の情報活用能力としての側面が重視される。どのように情報を見つけるのか，どのように情報を活用するのかなどについて体系的・系統的に指導していくことが必要である。併せて図書館の活用の仕方やインターネットでの情報の取り扱いなどについても指導が行われるべきである。

　国語科授業の中での読書指導の二つ目の考え方として，「読書力」の育成自体を中心的な目標として授業を展開するやり方がある。よく用いられる活動として，ここでは「読み聞かせ」「アニマシオン」「ブックトーク」を取り上げる。

【読み聞かせ】

　教師などが絵本や本を声に出して読み，子どもたちに聞かせるという活動である。「耳と目から読む」という特徴があり，たとえば文字の読み書きが未習得の入門期などに行うことも効果的である。子どもに読書の楽しさを感じさせることが主眼となるため，選書の質や読み手の技術が重要になる。また新たな本との出会いの場ともなるため，子どもに人気のある本を取り上げるだけでなく読書の幅を広げるという意識をもっておくことが大切である。

【アニマシオン】

　足立（2003）によると「アニマシオン」とは「それ自体が指導方法集である。"作戦"と呼ばれる場があり，その場で子どもたちは自分が読んできた本について，質問に答えたり話し合ったりすることで，本を読む楽しみを味わったり本の読み方を自然に学んだりする」ものとされる。ゲーム的に本の世界を楽しむことで，読書活動を活性化することをねらう活動である。"作戦"の例としては「わざと間違いを含めた読み聞かせを聞き，どこが間違っていたか当てる活動」や「読んできた本についてそれぞれ自分なりの題名を付けなおして，だれのものが一番良いかを競う活動」など，多くの実践者によって多様なものが提案されている。このような活動は「読むこと」の指導として展開することもできる。

【ブックトーク】

　ブックトークとはあるテーマに基づいて何冊かの本を集め，一連の流れの中で

続けてそれらを紹介していく活動である。子どもが，それらの本に興味をもつことをねらいとする。そのためには，淡々と説明するだけではなく，時にはクイズを出したり，時には絵や写真を見せたりするなど，話の構成を工夫して考える必要がある。また，物語や絵本だけではなく，テーマと関連づけて図鑑や詩集，写真集など多様な本を扱うことで，子どもの偏りがちな興味の幅を広げることも期待できる。子ども自身が紹介する側になるような活動も考えられる。

ここで取り上げたもの以外にも，「ブッククラブ」や「ビブリオバトル」，「読書記録の指導」など多くの活動がある。子どもの実態や指導の目的に応じてより効果的な読書指導を行うことができるよう，様々なアイデアを知っておく必要があるだろう。

実際に，これらの活動を国語科授業の中に取り入れた場合，具体的にどのような展開になるのかというイメージをもてるよう，本章の最後に2例あげておく。表13-2は，単元の中に「調べ読み」を取り入れるもの〔文部科学省（2011）に所収された「国語-9（第2学年）読んで疑問に思ったことを基に報告文を書く事例」に加筆修正する形で作成した〕，表13-3は，読書のおもしろさを知ることと学校図書館の利用の仕方を知ることを単元の中心目標におくものである。

（2）国語科授業以外での展開例

読書指導は国語科授業の中だけで完結するものではなく，学校教育全体を通して長期的な視点からデザインされる必要がある。ここではとくに，多くの教室で取り入れられる「学級文庫」と「朝読書」について取り上げる。

【学級文庫】

多くの教室で見られるクラスの本棚である。常に子どもの身近な場所に本があるという特徴があり，ふとした時にちょっと手に取ってみたくなるような選書が常に行われていることが大切である。何カ月も同じ本を放置するのではなく，こまめに入れ替えを行うこと，その際には児童の興味を踏まえた選書（興味と重なるもの，広げてほしいもの）や，そのときの季節や学習と関連づけた選書（国語で扱う教材の同じ作者の本，行事に関連するようなものなど）を行うなど，

第13章 読書指導

意識的な環境構成をしていきたい。

【朝読書】

　毎朝始業前に，10分程度の朝読書の時間を設けている学校は多い。学習に向かう姿勢をつくるという目的もあるが，読書指導の観点からいえば，読書習慣をつくることに意味がある。そのためには短い時間であっても，静かに本と向き合う時間を継続的に確保していくことが大切である。またそれぞれの子どもの好きな本を自由に選書させることで，自分の意志で読書をしていると思わせることが読書習慣の形成には有効である。テスト直しをさせたり，宿題をさせたりするなど，教師自身が便利な時間として考えるのではなく「朝読書の時間」を尊重しているという姿勢を子どもたちに感じ取らせたい。

5 　読書指導を行う教師として

　昨今の動向をみると，読書指導は今後もさらに重視されていくであろうし，取り扱うメディアや情報も多様化し，よりその指導は難しくなっていくであろう。しかし，その時代に求められる確かな「読書力」を身につけることは，子どもたちを「読書」によって豊かに生きることができる人間，「読書」によって生涯にわたって成長し続けることができるような人間にしていくことにほかならない。教師は，そのような子どもたちの将来をイメージしながら，長期的・系統的に読書指導を展開していくことが求められているのである。そして，指導者として自身の「読書力」も常に向上させ続けていかなければならない。

表 13 - 2 〔思考力，判断力，表現力等〕の指導の中に読書指導を取り入れる単元案

1. 単元名 『野さいブック』でみんなに知らせよう！野さいの良さ（3年生）

2. 単元の目標

　自分の調べたいことを明らかにしながら，段落相互の関係に気をつけて読んだり，調べたことをもとに，理由や事例をあげて調査報告文を書いたりすることができる。

3. 評価規準

〔知識及び技能〕

　疑問に思ったことを調べるために，適切な本を見つけ，本から得た情報を自分の表現に生かすことができている。（(3) オ）

〔思考力，判断力，表現力等〕

　読む目的に応じて結論とその理由や根拠などといった段落相互の関係や事実とそれに基づく意見との関係を考えて読んでいる。（読ア）

　調査の結果とそこから考えたことなどが明確に伝わるよう，理由や事例を挙げて調べたことを報告する文章を書いている。（書イ，ウ）

〔主体的に学習に取り組む態度〕

　疑問に思ったことについて本の利用の仕方を工夫して調べようとしたり，調べて分かったことを報告する文章に書き表したりという思いを膨らませて書こうとしている。

4. 教材「すがたをかえる大豆」（光村図書　3年下）

5. 主な学習活動（全12時間）

第一次	2時間	○学習の見通しをもつ ・野菜について解説した文章を基に，「自分の苦手な野菜のよさを調べて報告文に書く」という学習課題を設定する ・これまでの学習を振り返り，学習計画を立てる
第二次	4時間	○教材文を目的に応じて以下の点に注意して読む ・書かれた内容について興味をもったことは何か ・書かれた内容をもとに，さらに調べてみたいことやほかにどんな野菜について調べてみたいか ・自分の考えを明確にするために，筆者は，理由や根拠，事例などをどのように書き表しているか ※並行読書をしながら，自分の興味のある情報をあつめる。そのために資料の探し方などについても理解を深める。
第三次	4時間	○集めた材料を構成し，調査報告文を書く ・選んだ野菜について，本や図鑑などで集めた材料を整理する ・収集した情報を基に，調査報告文の構成を考える ・理由や事例をあげていることが読み手に明確に伝わるよう，接続語を工夫するなどして調査報告文を書く
第四次	2時間	○「野さいブック報告会」を開く ・互いの調査報告文を読み合う ・調べた野菜の良さが伝わる文章となっているかを評価し合う

出典：文部科学省（2011）をもとに筆者作成。

第13章　読書指導

表13-3　「読書力」の育成を中心的な目標とした単元案

1.　単元名「おすすめ読書カード」でお気に入りの本を紹介しよう（2年生）

2.　単元の目標
　学校図書館の環境や使い方のルールを理解するとともに，自分のお気に入りの本を見つけてその良さを友だちに伝えたり，友だちのお勧めする本を楽しんだりすることができる。

3.　評価規準
〔知識及び技能〕
　図書館のおもしろさや使い方を知り，自分のお気に入りの本を見つけたり，友だちの紹介する本に興味をもったりすることができている。（（3）オ）

〔主体的に学習に取組む態度〕
　積極的に，本のおもしろさを伝えたり，共有しようとしたりしている。

4.　教材「おはなしをきこう」「としょかんへいこう」「本を大切にしよう」（三省堂　2年上下）

5.　主な学習活動（全7時間）

第一次	1時間	○学習の見通しをもつ • 教師による本の紹介や読み聞かせを聞く • 教師の作成した「おすすめ読書カード」のモデルの紹介を聞き，単元の学習課題を理解する • これからの学習計画を立てる
第二次	2時間	○図書館の使い方に関して以下の内容について知る • 図書館とはどのような場所か • 図書館を利用するときのルールや本の扱い方とは • 大まかな本の探し方について ※学校図書館司書教諭の話を聞くとともに，実際に図書館という場所に行き多くの本に触れることでその楽しさを実感する。
第三次	3時間	○選んだ本についての「お気に入り読書カード」を書く • 「本のだい名」「かいた人の名まえ」「よんでおもったこと」「おすすめのりゆう」の4点について，情報を集めたり自分の考えをもったりする • 他の人が読んでみたくなるように表現や内容を工夫して，自分の「おすすめ読書カード」を書く ○おすすめの本について交流する • 数人のグループでカードを紹介し合うとともに，その後は教室に掲示をすることで学級全体でも共有する ※授業以外の時間に，ほかの友だちの紹介している本を1冊以上は読んでみて，その感想を付箋に書き，紹介した友だちのカードに貼り付ける。

出典：筆者作成。

引用・参考文献

文部科学省（2011）『言語活動の充実に関する指導事例集〈小学校版〉』教育出版。

足立幸子（2003）「第1節 読書へのアニマシオン」柴田義松他編『新しい国語科指導法 四訂版』学文社，142頁。

学習の課題

(1) 低学年・中学年・高学年のそれぞれの発達段階に応じた具体的な読書指導の展開について構想してみよう。

(2) 読書が嫌いな児童に対して「なぜ読書をしなければならないのか，どうすれば読書が好きになるのか」を説明するとしたら，あなたなら何を話すだろうか考えてみよう。

【さらに学びたい人のための図書】

日本国語教育学会監修（2017）『読書——目的に応じて読む シリーズ国語授業づくり』東洋館出版社。

⇨国語科における読書指導についての基本的な内容がQ&Aなどの形式でわかりやすく解説されている。教師として読書指導について学び始めるためにうってつけの入門書である。

山元隆春編（2015）『読書教育を学ぶ人のために』世界思想社。

⇨読書教育の理論や歴史，様々な読書教育実践の諸相など，読書教育について体系的に展開されている。読書指導についてより専門的に学びを深めたい人におすすめの一冊。

（青砥弘幸）

```
小学校学習指導要領
第2章　第1節　国　語
```

第1　目　標

　言葉による見方・考え方を働かせ，言語活動を通して，国語で正確に理解し適切に表現する資質・能力を次のとおり育成することを目指す。
(1)　日常生活に必要な国語について，その特質を理解し適切に使うことができるようにする。
(2)　日常生活における人との関わりの中で伝え合う力を高め，思考力や想像力を養う。
(3)　言葉がもつよさを認識するとともに，言語感覚を養い，国語の大切さを自覚し，国語を尊重してその能力の向上を図る態度を養う。

第2　各学年の目標及び内容

〔第1学年及び第2学年〕
1　目　標
(1)　日常生活に必要な国語の知識や技能を身に付けるとともに，我が国の言語文化に親しんだり理解したりすることができるようにする。
(2)　順序立てて考える力や感じたり想像したりする力を養い，日常生活における人との関わりの中で伝え合う力を高め，自分の思いや考えをもつことができるようにする。
(3)　言葉がもつよさを感じるとともに，楽しんで読書をし，国語を大切にして，思いや考えを伝え合おうとする態度を養う。
2　内　容
〔知識及び技能〕
(1)　言葉の特徴や使い方に関する次の事項を身に付けることができるよう指導する。
　ア　言葉には，事物の内容を表す働きや，経験したことを伝える働きがあることに気付くこと。
　イ　音節と文字との関係，アクセントによる語の意味の違いなどに気付くとともに，姿勢や口形，発声や発音に注意して話すこと。
　ウ　長音，拗音，促音，撥音などの表記，助詞の「は」，「へ」及び「を」の使い方，句読点の打ち方，かぎ（「　」）の使い方を理解して文や文章の中で使うこと。また，平仮名及び片仮名を読み，書くとともに，片仮名で書く語の種類を知り，文や文章の中で使うこと。
　エ　第1学年においては，別表の学年別漢字配当表（以下「学年別漢字配当表」という。）の第1学年に配当されている漢字を読み，漸次書き，文や文章の中で使うこと。第2学年においては，学年別漢字配当表の第2学年までに配当されている漢字を読むこと。また，第1学年に配当されている漢字を書き，文や文章の中で使うとともに，第2学年に配当されている漢字を漸次書き，文や文章の中で使うこと。
　オ　身近なことを表す語句の量を増し，話や文章の中で使うとともに，言葉には意味による語句のまとまりがあることに気付き，語彙を豊かにすること。
　カ　文の中における主語と述語との関係に気付くこと。
　キ　丁寧な言葉と普通の言葉との違いに気を付けて使うとともに，敬体で書かれた文章に慣れること。
　ク　語のまとまりや言葉の響きなどに気を付けて音読すること。
(2)　話や文章に含まれている情報の扱い方に関する次の事項を身に付けることができるよう指導する。
　ア　共通，相違，事柄の順序など情報と情報との関係について理解すること。
(3)　我が国の言語文化に関する次の事項を身に付けることができるよう指導する。
　ア　昔話や神話・伝承などの読み聞かせを聞くなどして，我が国の伝統的な言語文化に親しむこと。
　イ　長く親しまれている言葉遊びを通して，言葉の豊かさに気付くこと。
　ウ　書写に関する次の事項を理解し使うこと。
　　(ア)　姿勢や筆記具の持ち方を正しくして書くこと。
　　(イ)　点画の書き方や文字の形に注意しながら，筆順に従って丁寧に書くこと。
　　(ウ)　点画相互の接し方や交わり方，長短や方向などに注意して，文字を正しく書くこと。

213

エ　読書に親しみ，いろいろな本があることを
　知ること。
〔思考力，判断力，表現力等〕
A　話すこと・聞くこと
(1)　話すこと・聞くことに関する次の事項を身
に付けることができるよう指導する。
ア　身近なことや経験したことなどから話題を
　決め，伝え合うために必要な事柄を選ぶこと。
イ　相手に伝わるように，行動したことや経験
　したことに基づいて，話す事柄の順序を考え
　ること。
ウ　伝えたい事柄や相手に応じて，声の大きさ
　や速さなどを工夫すること。
エ　話し手が知らせたいことや自分が聞きたい
　ことを落とさないように集中して聞き，話の
　内容を捉えて感想をもつこと。
オ　互いの話に関心をもち，相手の発言を受け
　て話をつなぐこと。
(2)　(1)に示す事項については，例えば，次のよ
うな言語活動を通して指導するものとする。
ア　紹介や説明，報告など伝えたいことを話し
　たり，それらを聞いて声に出して確かめたり
　感想を述べたりする活動。
イ　尋ねたり応答したりするなどして，少人数
　で話し合う活動。
B　書くこと
(1)　書くことに関する次の事項を身に付けるこ
とができるよう指導する。
ア　経験したことや想像したことなどから書く
　ことを見付け，必要な事柄を集めたり確かめ
　たりして，伝えたいことを明確にすること。
イ　自分の思いや考えが明確になるように，事
　柄の順序に沿って簡単な構成を考えること。
ウ　語と語や文と文との続き方に注意しながら，
　内容のまとまりが分かるように書き表し方を
　工夫すること。
エ　文章を読み返す習慣を付けるとともに，間
　違いを正したり，語と語や文と文との続き方
　を確かめたりすること。
オ　文章に対する感想を伝え合い，自分の文章
　の内容や表現のよいところを見付けること。
(2)　(1)に示す事項については，例えば，次のよ

うな言語活動を通して指導するものとする。
ア　身近なことや経験したことを報告したり，
　観察したことを記録したりするなど，見聞き
　したことを書く活動。
イ　日記や手紙を書くなど，思ったことや伝え
　たいことを書く活動。
ウ　簡単な物語をつくるなど，感じたことや想
　像したことを書く活動。
C　読むこと
(1)　読むことに関する次の事項を身に付けるこ
とができるよう指導する。
ア　時間的な順序や事柄の順序などを考えなが
　ら，内容の大体を捉えること。
イ　場面の様子や登場人物の行動など，内容の
　大体を捉えること。
ウ　文章の中の重要な語や文を考えて選び出す
　こと。
エ　場面の様子に着目して，登場人物の行動を
　具体的に想像すること。
オ　文章の内容と自分の体験とを結び付けて，
　感想をもつこと。
カ　文章を読んで感じたことや分かったことを
　共有すること。
(2)　(1)に示す事項については，例えば，次のよ
うな言語活動を通して指導するものとする。
ア　事物の仕組みを説明した文章などを読み，
　分かったことや考えたことを述べる活動。
イ　読み聞かせを聞いたり物語などを読んだり
　して，内容や感想などを伝え合ったり，演じ
　たりする活動。
ウ　学校図書館などを利用し，図鑑や科学的な
　ことについて書いた本などを読み，分かった
　ことなどを説明する活動。
〔第3学年及び第4学年〕
1　目標
(1)　日常生活に必要な国語の知識や技能を身に
付けるとともに，我が国の言語文化に親しんだ
り理解したりすることができるようにする。
(2)　筋道立てて考える力や豊かに感じたり想像
したりする力を養い，日常生活における人との
関わりの中で伝え合う力を高め，自分の思いや
考えをまとめることができるようにする。

(3) 言葉がもつよさに気付くとともに，幅広く
読書をし，国語を大切にして，思いや考えを伝
え合おうとする態度を養う。
　2　内　　容
〔知識及び技能〕
(1) 言葉の特徴や使い方に関する次の事項を身
に付けることができるよう指導する。
　ア　言葉には，考えたことや思ったことを表す
　　働きがあることに気付くこと。
　イ　相手を見て話したり聞いたりするとともに，
　　言葉の抑揚や強弱，間の取り方などに注意し
　　て話すこと。
　ウ　漢字と仮名を用いた表記，送り仮名の付け
　　方，改行の仕方を理解して文や文章の中で使
　　うとともに，句読点を適切に打つこと。また，
　　第3学年においては，日常使われている簡単
　　な単語について，ローマ字で表記されたもの
　　を読み，ローマ字で書くこと。
　エ　第3学年及び第4学年の各学年においては，
　　学年別漢字配当表の当該学年までに配当され
　　ている漢字を読むこと。また，当該学年の前
　　の学年までに配当されている漢字を書き，文
　　や文章の中で使うとともに，当該学年に配当
　　されている漢字を漸次書き，文や文章の中で
　　使うこと。
　オ　様子や行動，気持ちや性格を表す語句の量
　　を増し，話や文章の中で使うとともに，言葉
　　には性質や役割による語句のまとまりがある
　　ことを理解し，語彙を豊かにすること。
　カ　主語と述語との関係，修飾と被修飾との関
　　係，指示する語句と接続する語句の役割，段
　　落の役割について理解すること。
　キ　丁寧な言葉を使うとともに，敬体と常体と
　　の違いに注意しながら書くこと。
　ク　文章全体の構成や内容の大体を意識しなが
　　ら音読すること。
(2) 話や文章に含まれている情報の扱い方に関
する次の事項を身に付けることができるよう指
導する。
　ア　考えとそれを支える理由や事例，全体と中
　　心など情報と情報との関係について理解する
　　こと。

　イ　比較や分類の仕方，必要な語句などの書き
　　留め方，引用の仕方や出典の示し方，辞書や
　　事典の使い方を理解し使うこと。
(3) 我が国の言語文化に関する次の事項を身に
付けることができるよう指導する。
　ア　易しい文語調の短歌や俳句を音読したり暗
　　唱したりするなどして，言葉の響きやリズム
　　に親しむこと。
　イ　長い間使われてきたことわざや慣用句，故
　　事成語などの意味を知り，使うこと。
　ウ　漢字が，へんやつくりなどから構成されて
　　いることについて理解すること。
　エ　書写に関する次の事項を理解し使うこと。
　　(7) 文字の組立て方を理解し，形を整えて書
　　　くこと。
　　(イ) 漢字や仮名の大きさ，配列に注意して書
　　　くこと。
　　(ウ) 毛筆を使用して点画の書き方への理解を
　　　深め，筆圧などに注意して書くこと。
　オ　幅広く読書に親しみ，読書が，必要な知識
　　や情報を得ることに役立つことに気付くこと。
〔思考力，判断力，表現力等〕
　A　話すこと・聞くこと
(1) 話すこと・聞くことに関する次の事項を身
に付けることができるよう指導する。
　ア　目的を意識して，日常生活の中から話題を
　　決め，集めた材料を比較したり分類したりし
　　て，伝え合うために必要な事柄を選ぶこと。
　イ　相手に伝わるように，理由や事例などを挙
　　げながら，話の中心が明確になるよう話の構
　　成を考えること。
　ウ　話の中心や話す場面を意識して，言葉の抑
　　揚や強弱，間の取り方などを工夫すること。
　エ　必要なことを記録したり質問したりしなが
　　ら聞き，話し手が伝えたいことや自分が聞き
　　たいことの中心を捉え，自分の考えをもつこ
　　と。
　オ　目的や進め方を確認し，司会などの役割を
　　果たしながら話し合い，互いの意見の共通点
　　や相違点に着目して，考えをまとめること。
(2) (1)に示す事項については，例えば，次のよ
うな言語活動を通して指導するものとする。

215

ア　説明や報告など調べたことを話したり，それらを聞いたりする活動。

イ　質問するなどして情報を集めたり，それらを発表したりする活動。

ウ　互いの考えを伝えるなどして，グループや学級全体で話し合う活動。

B　書くこと

(1)　書くことに関する次の事項を身に付けることができるよう指導する。

ア　相手や目的を意識して，経験したことや想像したことなどから書くことを選び，集めた材料を比較したり分類したりして，伝えたいことを明確にすること。

イ　書く内容の中心を明確にし，内容のまとまりで段落をつくったり，段落相互の関係に注意したりして，文章の構成を考えること。

ウ　自分の考えとそれを支える理由や事例との関係を明確にして，書き表し方を工夫すること。

エ　間違いを正したり，相手や目的を意識した表現になっているかを確かめたりして，文や文章を整えること。

オ　書こうとしたことが明確になっているかなど，文章に対する感想や意見を伝え合い，自分の文章のよいところを見付けること。

(2)　(1)に示す事項については，例えば，次のような言語活動を通して指導するものとする。

ア　調べたことをまとめて報告するなど，事実やそれを基に考えたことを書く活動。

イ　行事の案内やお礼の文章を書くなど，伝えたいことを手紙に書く活動。

ウ　詩や物語をつくるなど，感じたことや想像したことを書く活動。

C　読むこと

(1)　読むことに関する次の事項を身に付けることができるよう指導する。

ア　段落相互の関係に着目しながら，考えとそれを支える理由や事例との関係などについて，叙述を基に捉えること。

イ　登場人物の行動や気持ちなどについて，叙述を基に捉えること。

ウ　目的を意識して，中心となる語や文を見付

けて要約すること。

エ　登場人物の気持ちの変化や性格，情景について，場面の移り変わりと結び付けて具体的に想像すること。

オ　文章を読んで理解したことに基づいて，感想や考えをもつこと。

カ　文章を読んで感じたことや考えたことを共有し，一人一人の感じ方などに違いがあることに気付くこと。

(2)　(1)に示す事項については，例えば，次のような言語活動を通して指導するものとする。

ア　記録や報告などの文章を読み，文章の一部を引用して，分かったことや考えたことを説明したり，意見を述べたりする活動。

イ　詩や物語などを読み，内容を説明したり，考えたことなどを伝え合ったりする活動。

ウ　学校図書館などを利用し，事典や図鑑などから情報を得て，分かったことなどをまとめて説明する活動。

〔第5学年及び第6学年〕

1　目　標

(1)　日常生活に必要な国語の知識や技能を身に付けるとともに，我が国の言語文化に親しんだり理解したりすることができるようにする。

(2)　筋道立てて考える力や豊かに感じたり想像したりする力を養い，日常生活における人との関わりの中で伝え合う力を高め，自分の思いや考えを広げることができるようにする。

(3)　言葉がもつよさを認識するとともに，進んで読書をし，国語の大切さを自覚して，思いや考えを伝え合おうとする態度を養う。

2　内　容

〔知識及び技能〕

(1)　言葉の特徴や使い方に関する次の事項を身に付けることができるよう指導する。

ア　言葉には，相手とのつながりをつくる働きがあることに気付くこと。

イ　話し言葉と書き言葉との違いに気付くこと。

ウ　文や文章の中で漢字と仮名を適切に使い分けるとともに，送り仮名や仮名遣いに注意して正しく書くこと。

エ　第5学年及び第6学年の各学年においては，

学年別漢字配当表の当該学年までに配当されている漢字を読むこと。また，当該学年の前の学年までに配当されている漢字を書き，文や文章の中で使うとともに，当該学年に配当されている漢字を漸次書き，文や文章の中で使うこと。

オ　思考に関わる語句の量を増し，話や文章の中で使うとともに，語句と語句との関係，語句の構成や変化について理解し，語彙を豊かにすること。また，語感や言葉の使い方に対する感覚を意識して，語や語句を使うこと。

カ　文の中での語句の係り方や語順，文と文との接続の関係，話や文章の構成や展開，話や文章の種類とその特徴について理解すること。

キ　日常よく使われる敬語を理解し使い慣れること。

ク　比喩や反復などの表現の工夫に気付くこと。

ケ　文章を音読したり朗読したりすること。

(2)　話や文章に含まれている情報の扱い方に関する次の事項を身に付けることができるよう指導する。

ア　原因と結果など情報と情報との関係について理解すること。

イ　情報と情報との関係付けの仕方，図などによる語句と語句との関係の表し方を理解し使うこと。

(3)　我が国の言語文化に関する次の事項を身に付けることができるよう指導する。

ア　親しみやすい古文や漢文，近代以降の文語調の文章を音読するなどして，言葉の響きやリズムに親しむこと。

イ　古典について解説した文章を読んだり作品の内容の大体を知ったりすることを通して，昔の人のものの見方や感じ方を知ること。

ウ　語句の由来などに関心をもつとともに，時間の経過による言葉の変化や世代による言葉の違いに気付き，共通語と方言との違いを理解すること。また，仮名及び漢字の由来，特質などについて理解すること。

エ　書写に関する次の事項を理解し使うこと。

(ｱ)　用紙全体との関係に注意して，文字の大きさや配列などを決めるとともに，書く速

さを意識して書くこと。

(ｲ)　毛筆を使用して，穂先の動きと点画のつながりを意識して書くこと。

(ｳ)　目的に応じて使用する筆記具を選び，その特徴を生かして書くこと。

オ　日常的に読書に親しみ，読書が，自分の考えを広げることに役立つことに気付くこと。

〔思考力，判断力，表現力等〕

A　話すこと・聞くこと

(1)　話すこと・聞くことに関する次の事項を身に付けることができるよう指導する。

ア　目的や意図に応じて，日常生活の中から話題を決め，集めた材料を分類したり関係付けたりして，伝え合う内容を検討すること。

イ　話の内容が明確になるように，事実と感想，意見とを区別するなど，話の構成を考えること。

ウ　資料を活用するなどして，自分の考えが伝わるように表現を工夫すること。

エ　話し手の目的や自分が聞こうとする意図に応じて，話の内容を捉え，話し手の考えと比較しながら，自分の考えをまとめること。

オ　互いの立場や意図を明確にしながら計画的に話し合い，考えを広げたりまとめたりすること。

(2)　(1)に示す事項については，例えば，次のような言語活動を通して指導するものとする。

ア　意見や提案など自分の考えを話したり，それらを聞いたりする活動。

イ　インタビューなどをして必要な情報を集めたり，それらを発表したりする活動。

ウ　それぞれの立場から考えを伝えるなどして話し合う活動。

B　書くこと

(1)　書くことに関する次の事項を身に付けることができるよう指導する。

ア　目的や意図に応じて，感じたことや考えたことなどから書くことを選び，集めた材料を分類したり関係付けたりして，伝えたいことを明確にすること。

イ　筋道の通った文章となるように，文章全体の構成や展開を考えること。

217

ウ　目的や意図に応じて簡単に書いたり詳しく
　書いたりするとともに，事実と感想，意見と
　を区別して書いたりするなど，自分の考えが
　伝わるように書き表し方を工夫すること。
エ　引用したり，図表やグラフなどを用いたり
　して，自分の考えが伝わるように書き表し方
　を工夫すること。
オ　文章全体の構成や書き表し方などに着目し
　て，文や文章を整えること。
カ　文章全体の構成や展開が明確になっている
　かなど，文章に対する感想や意見を伝え合い，
　自分の文章のよいところを見付けること。
(2)　(1)に示す事項については，例えば，次のよ
うな言語活動を通して指導するものとする。
ア　事象を説明したり意見を述べたりするなど，
　考えたことや伝えたいことを書く活動。
イ　短歌や俳句をつくるなど，感じたことや想
　像したことを書く活動。
ウ　事実や経験を基に，感じたり考えたりした
　ことや自分にとっての意味について文章に書
　く活動。
C　読むこと
(1)　読むことに関する次の事項を身に付けるこ
とができるよう指導する。
ア　事実と感想，意見などとの関係を叙述を基
　に押さえ，文章全体の構成を捉えて要旨を把
　握すること。
イ　登場人物の相互関係や心情などについて，
　描写を基に捉えること。
ウ　目的に応じて，文章と図表などを結び付け
　るなどして必要な情報を見付けたり，論の進
　め方について考えたりすること。
エ　人物像や物語などの全体像を具体的に想像
　したり，表現の効果を考えたりすること。
オ　文章を読んで理解したことに基づいて，自
　分の考えをまとめること。
カ　文章を読んでまとめた意見や感想を共有し，
　自分の考えを広げること。
(2)　(1)に示す事項については，例えば，次のよ
うな言語活動を通して指導するものとする。
ア　説明や解説などの文章を比較するなどして
　読み，分かったことや考えたことを，話し

合ったり文章にまとめたりする活動。
イ　詩や物語，伝記などを読み，内容を説明し
　たり，自分の生き方などについて考えたこと
　を伝え合ったりする活動。
ウ　学校図書館などを利用し，複数の本や新聞
　などを活用して，調べたり考えたりしたこと
　を報告する活動。

第3　指導計画の作成と内容の取扱い
1　指導計画の作成に当たっては，次の事項に
配慮するものとする。
(1)　単元など内容や時間のまとまりを見通して，
その中で育む資質・能力の育成に向けて，児童
の主体的・対話的で深い学びの実現を図るよう
にすること。その際，言葉による見方・考え方
を働かせ，言語活動を通して，言葉の特徴や使
い方などを理解し自分の思いや考えを深める学
習の充実を図ること。
(2)　第2の各学年の内容の指導については，必
要に応じて当該学年より前の学年において初歩
的な形で取り上げたり，その後の学年で程度を
高めて取り上げたりするなどして，弾力的に指
導すること。
(3)　第2の各学年の内容の〔知識及び技能〕に
示す事項については，〔思考力，判断力，表現
力等〕に示す事項の指導を通して指導すること
を基本とし，必要に応じて，特定の事項だけを
取り上げて指導したり，それらをまとめて指導
したりするなど，指導の効果を高めるよう工夫
すること。なお，その際，第1章総則の第2の
3の(2)のウの(イ)に掲げる指導を行う場合には，
当該指導のねらいを明確にするとともに，単元
など内容や時間のまとまりを見通して資質・能
力が偏りなく育成されるよう計画的に指導する
こと。
(4)　第2の各学年の内容の〔思考力，判断力，
表現力等〕の「A話すこと・聞くこと」に関す
る指導については，意図的，計画的に指導する
機会が得られるように，第1学年及び第2学年
では年間35単位時間程度，第3学年及び第4学
年では年間30単位時間程度，第5学年及び第6
学年では年間25単位時間程度を配当すること。

その際，音声言語のための教材を活用するなどして指導の効果を高めるよう工夫すること。

(5)　第2の各学年の内容の〔思考力，判断力，表現力等〕の「B書くこと」に関する指導については，第1学年及び第2学年では年間100単位時間程度，第3学年及び第4学年では年間85単位時間程度，第5学年及び第6学年では年間55単位時間程度を配当すること。その際，実際に文章を書く活動をなるべく多くすること。

(6)　第2の第1学年及び第2学年の内容の〔知識及び技能〕の(3)のエ，第3学年及び第4学年，第5学年及び第6学年の内容の〔知識及び技能〕の(3)のオ及び各学年の内容の〔思考力，判断力，表現力等〕の「C読むこと」に関する指導については，読書意欲を高め，日常生活において読書活動を活発に行うようにするとともに，他教科等の学習における読書の指導や学校図書館における指導との関連を考えて行うこと。

(7)　低学年においては，第1章総則の第2の4の(1)を踏まえ，他教科等との関連を積極的に図り，指導の効果を高めるようにするとともに，幼稚園教育要領等に示す幼児期の終わりまでに育ってほしい姿との関連を考慮すること。特に，小学校入学当初においては，生活科を中心とした合科的・関連的な指導や，弾力的な時間割の設定を行うなどの工夫をすること。

(8)　言語能力の向上を図る観点から，外国語活動及び外国語科など他教科等との関連を積極的に図り，指導の効果を高めるようにすること。

(9)　障害のある児童などについては，学習活動を行う場合に生じる困難さに応じた指導内容や指導方法の工夫を計画的，組織的に行うこと。

(10)　第1章総則の第1の2の(2)に示す道徳教育の目標に基づき，道徳科などとの関連を考慮しながら，第3章特別の教科道徳の第2に示す内容について，国語科の特質に応じて適切な指導をすること。

2　第2の内容の取扱いについては，次の事項に配慮するものとする。

(1)　〔知識及び技能〕に示す事項については，次のとおり取り扱うこと。

ア　日常の言語活動を振り返ることなどを通して，児童が，実際に話したり聞いたり書いたり読んだりする場面を意識できるよう指導を工夫すること。

イ　表現したり理解したりするために必要な文字や語句については，辞書や事典を利用して調べる活動を取り入れるなど，調べる習慣が身に付くようにすること。

ウ　第3学年におけるローマ字の指導に当たっては，第5章総合的な学習の時間の第3の2の(3)に示す，コンピュータで文字を入力するなどの学習の基盤として必要となる情報手段の基本的な操作を習得し，児童が情報や情報手段を主体的に選択し活用できるよう配慮することとの関連が図られるようにすること。

エ　漢字の指導については，第2の内容に定めるほか，次のとおり取り扱うこと。

(ア)　学年ごとに配当されている漢字は，児童の学習負担に配慮しつつ，必要に応じて，当該学年以前の学年又は当該学年以降の学年において指導することもできること。

(イ)　当該学年より後の学年に配当されている漢字及びそれ以外の漢字については，振り仮名を付けるなど，児童の学習負担に配慮しつつ提示することができること。

(ウ)　他教科等の学習において必要となる漢字については，当該教科等と関連付けて指導するなど，その確実な定着が図られるよう指導を工夫すること。

(エ)　漢字の指導においては，学年別漢字配当表に示す漢字の字体を標準とすること。

オ　各学年の(3)のア及びイに関する指導については，各学年で行い，古典に親しめるよう配慮すること。

カ　書写の指導については，第2の内容に定めるほか，次のとおり取り扱うこと。

(ア)　文字を正しく整えて書くことができるようにするとともに，書写の能力を学習や生活に役立てる態度を育てるよう配慮すること。

(イ)　硬筆を使用する書写の指導は各学年で行うこと。

(ウ)　毛筆を使用する書写の指導は第3学年以

上の各学年で行い，各学年年間30単位時間
程度を配当するとともに，毛筆を使用する
書写の指導は硬筆による書写の能力の基礎
を養うよう指導すること。
　(ェ)　第1学年及び第2学年の(3)のウの(イ)の
指導については，適切に運筆する能力の向
上につながるよう，指導を工夫すること。
(2)　第2の内容の指導に当たっては，児童がコ
ンピュータや情報通信ネットワークを積極的に
活用する機会を設けるなどして，指導の効果を
高めるよう工夫すること。
(3)　第2の内容の指導に当たっては，学校図書
館などを目的をもって計画的に利用しその機能
の活用を図るようにすること。その際，本など
の種類や配置，探し方について指導するなど，
児童が必要な本などを選ぶことができるよう配
慮すること。なお，児童が読む図書については，
人間形成のため偏りがないよう配慮して選定す
ること。
3　教材については，次の事項に留意するもの
とする。
(1)　教材は，第2の各学年の目標及び内容に示
す資質・能力を偏りなく養うことや読書に親し
む態度の育成を通して読書習慣を形成すること
をねらいとし，児童の発達の段階に即して適切
な話題や題材を精選して調和的に取り上げるこ
と。また，第2の各学年の内容の〔思考力，判
断力，表現力等〕の「A話すこと・聞くこと」，
「B書くこと」及び「C読むこと」のそれぞれ
の(2)に掲げる言語活動が十分行われるよう教材
を選定すること。
(2)　教材は，次のような観点に配慮して取り上
げること。
ア　国語に対する関心を高め，国語を尊重する
　態度を育てるのに役立つこと。
イ　伝え合う力，思考力や想像力及び言語感覚
　を養うのに役立つこと。
ウ　公正かつ適切に判断する能力や態度を育て
　るのに役立つこと。
エ　科学的，論理的に物事を捉え考察し，視野
　を広げるのに役立つこと。
オ　生活を明るくし，強く正しく生きる意志を

育てるのに役立つこと。
カ　生命を尊重し，他人を思いやる心を育てる
　のに役立つこと。
キ　自然を愛し，美しいものに感動する心を育
　てるのに役立つこと。
ク　我が国の伝統と文化に対する理解と愛情を
　育てるのに役立つこと。
ケ　日本人としての自覚をもって国を愛し，国
　家，社会の発展を願う態度を育てるのに役立
　つこと。
コ　世界の風土や文化などを理解し，国際協調
　の精神を養うのに役立つこと。
(3)　第2の各学年の内容の〔思考力，判断力，
表現力等〕の「C読むこと」の教材については，
各学年で説明的な文章や文学的な文章などの文
章形態を調和的に取り扱うこと。また，説明的
な文章については，適宜，図表や写真などを含
むものを取り上げること。

学年別漢字配当表
第一学年
一右雨円王音下火花貝学気九休玉金空月犬見五
口校左三山子四糸字耳七車手十出女小上森人水
正生青夕石赤千川先早草足村大男竹中虫町天田
土二日入年白八百文木本名目立力林六　（80字）
第二学年
引羽雲園遠何科夏家歌画回会海絵外角楽活間丸
岩顔汽記帰弓牛魚京強教近兄形計元言原戸古午
後語工公広交光考行高黄合谷国黒今才細作算止
市矢姉思紙寺自時室社弱首秋週春書少場色食心
新親図数西声星晴切雪船線前組走多太体台地池
知茶昼長鳥朝直通弟店点電刀冬当東答頭同道読
内南肉馬売買麦半番父風分聞米歩母方北毎妹万
明鳴毛門夜野友用曜来里理話　（160字）
第三学年
悪安暗医委意育員院飲運泳駅央横屋温化荷界開
階寒感漢館岸起期客究急級宮球去橋業曲局銀区
苦具君係軽血決研県庫湖向幸港号根祭皿仕死使
始指歯詩次事持式実写者主守取酒受州拾終習集
住重宿所暑助昭消商章勝乗植申身神真深進世整
昔全相送想息速族他打対待代第題炭短談着注柱
丁帳調追定庭笛鉄転都度投豆島湯登等動童農波

資　料

配倍箱畑発反坂板皮悲美鼻筆氷表秒病品負部服
福物平返勉放味命面問役薬由油有遊予羊洋葉陽
様落流旅両緑礼列練路和　（200字）
第四学年
愛案以衣位茨印英栄媛塩岡億加果貨課芽賀改械
害街各覚潟完官管関観願岐希季旗器機議求泣給
挙漁共協鏡競極熊訓軍郡群径景芸欠結建健験固
功好香候康佐差菜最埼材崎昨札刷察参産散残氏
司試児治滋辞鹿失借種周祝順初松笑唱焼照城縄
臣信井成省清静席積折節説浅戦選然争倉巣束側
続卒孫帯隊達単置仲沖兆低底的典伝徒努灯働特
徳栃奈梨熱念敗梅博阪飯飛必票標不夫付府阜富
副兵別辺変便包法望牧末満未民無約勇要養浴利
陸良料量輪類令冷例連老労録　（202字）
第五学年
圧囲移因永営衛易益液演応往桜可仮価河過快解
格確額刊幹慣眼紀基寄規喜技義逆久旧救居許境
均禁句型経潔件険検限現減故個護効厚耕航鉱構
興講告混査再災妻採際在財罪雑酸賛士支史志
枝師資飼示似識質舎謝授修述術準序招証象賞条
状常情織職制性政勢製税責績接設絶祖素総造
像増則測属率損貸態団断築貯張停提程適統堂銅
導得毒独任燃能破犯判版比肥非費備評貧布婦武
復複仏粉編弁保墓報豊防貿暴脈務夢迷綿輸余容
略留領歴　（193字）
第六学年
胃異遺域宇映延沿恩我灰拡革割株干巻看簡危
机揮貴疑吸供胸郷勤筋系敬警劇激穴券絹権憲源
厳己呼誤后孝皇紅降鋼刻穀骨困砂座済裁策冊蚕
至私姿視詞誌磁射捨尺若樹収宗就衆従縦縮熟純
処署諸除承将傷障蒸針仁垂推寸盛聖宣専泉
洗染銭善奏窓創装層操蔵臓存尊退宅担探誕段暖
値宙忠著庁頂腸賃痛敵展党糖届難乳認納脳
派拝背肺俳班晩否批秘俵腹奮並陛閉片補暮宝訪
亡忘棒枚幕密盟模訳郵優預幼欲翌乱卵覧裏律臨
朗論　（191字）

索　引

（＊は人名）

あ 行

相手意識　193
アクティブラーニング（主体的・対話的で深い
　　学び）　29,203
朝読書　209
アニマシオン　207
意見と根拠　168
一次的ことば　73
一次的ことば期　73
＊井上一郎　88
いろいろなふね　170
引用　172
内の目　127
運動能力　194,195
絵だけの頁　71
＊岡本夏木　73
お手紙　170
音読，朗読　164

か 行

会話文　126
書き言葉　74,157
書き言葉の力　72
書くこと　89
書くことの学習指導　89
学習材　41
学習指導要領　177
学習の手引き　47
学習目標　132
課題解決　38
価値目標　134
学級文庫　208
活動主義　42
活動目標　140
活用　41
考えと理由や事例　168
考えの形成　76,92,113

関係づける　46
漢字　160
鑑識眼　49
聞き取りメモ名人のコツ　84
聞くこと　71
記述　92
技能目標　134
教科内容　177
狭義の論理　168
教材　40
教材観　60
共通　168
共有　76,93,113
具体と抽象　168
原因と結果　168
言語運用　38
言語活動　41,180
言語活動あって学びなし　80
言語活動の質　49
言語活動の充実　24
言語活動例　94
言語生活　40,202
言語知識　38
言語能力　38
言語文化　176
語彙　161
広義の論理　168
構成　114
構成の検討　76,92
構造と内容の検討　76
構造と内容の把握　113
古典　178
言葉づかい　163
言葉による見方・考え方　139
言葉の力　78
言葉の特徴　157
言葉の特徴や使い方に関する事項　15
言葉の働き　155

索　引

子どもの読書活動の推進に関する法律　128
個別化　45
これまでみにつけてきた力　78
ごんぎつね　119
コンテンツ　28
コンピテンシー　28

さ　行

＊西郷竹彦　116,168
最適解　45
字形　188,190,195,199
思考ツール　100
思考力・判断力・表現力　13,85,132
資質・能力　29
字体　190
実の場　39
視点論　116
指導観　60
児童観　59
指導事項　41,90
じどうしゃくらべ　170
習得　22,41
主体的な言語運用　38
熟考・評価　21
出題の趣旨　84
出典　172
順序　168
上位概念　78
情景描写　127
条件　39
情報活用能力　204
情報の収集　76,92
情報の扱い方に関する事項　15
叙述　113
調べ読み　206
白いぼうし　115
人工知能（AI）　37
真正性（authenticity）　39
推敲　93
水書用筆　199
スイミー　129
精査・解釈　76,113

世界一美しいぼくの村　117
全国学力・学習状況調査　22,84
先行方略　116
全体と中心　168
相違　168

た　行

題材の設定　92
対象化　180
態度目標　133
対話　124
武田常夫　116
単元　38,59
短作文　103
チェックリスト　108
知識及び技能　13,132
地の文　126
著作権保護　172
手だて　132
伝統的な言語文化　176
同化　180
読書感想文　206
読書指導　201
読書生活　40
読書力　205
とんぼのひみつ　171

な　行

内容の検討　76,92
＊新美南吉　119
二次的ことば　73
二次的ことば期　73
入門期　71
人間性等　132
ねらい　42
ノンバーバルコミュニケーション　1

は　行

バーバルコミュニケーション　1
配当時数　109
話し言葉　162
話し言葉の力　72

223

話すこと　71
パフォーマンス　50
比較　168
左利き　196-198
筆順　192
筆圧　195
評価　49
評価規準　60
評価指標（ルーブリック）　50
表現　76
表現の技法　163
描写　113
平仮名　158
非連続型テキスト　21
複線化　44
ブックトーク　207
＊フリードリヒ2世　4
プロセス　38
文脈　39
文や文章　161
分類　168
並行読書　206
＊ヘレン・ケラー　4

ま・や行

学びに向かう力　132
学びに向かう力，人間性等　13

見え　116
めあて　42
メタ認知　44,84
目的意識　193
＊森美智代　88
読み聞かせ　207

ら　行

留意点　78
類推　129
連続型テキスト　21
ローマ字　159
論証　170
論理　168
論理的思考　46

わ　行

我が国の言語文化に関する事項　15
わかりやすいメモのとり方　84
話題の設定　76

欧　文

DeSeCo　27
ICT（Information & Communication Technology）31,100
PISAショック　21
PISA調査　18

監修者

原　清治（佛教大学副学長・教育学部教授）

春日井敏之（立命館大学名誉教授・近江兄弟社高等学校校長）

篠原正典（佛教大学教育学部教授）

森田真樹（立命館大学大学院教職研究科教授）

執筆者紹介（所属，執筆分担，執筆順，＊は編者）

＊井上雅彦（編著者紹介参照：はじめに，第1，2章）

＊青砥弘幸（編著者紹介参照：第4，13章）

勝見健史（兵庫教育大学大学院学校教育研究科教授：第3章）

堀江祐爾（神戸女子大学文学部教授・兵庫教育大学名誉教授：第5章）

折川司（金沢大学人間社会研究域学校教育系教授：第6章）

寺田守（京都教育大学教育学部准教授：第7章）

難波博孝（安田女子大学教育学部教授・広島大学名誉教授：第8，10章）

長岡由記（滋賀大学教育学部准教授：第9章）

冨安慎吾（島根大学教育学部准教授：第11章）

谷口邦彦（安田女子大学文学部教授：第12章）

編著者紹介

井上　雅彦（いのうえ・まさひこ）
　　1960年　生まれ。
　現　在　立命館大学大学院教職研究科教授。
　主　著　『伝え合いを重視した高等学校国語科カリキュラムの実践的研究』溪水社，2008年。
　　　　　『ディベートを用いて文学を〈読む〉──伝え合いとしてのディベート学習活動』明治図
　　　　　書，2001年。

青砥　弘幸（あおと・ひろゆき）
　　1981年　生まれ。
　現　在　佛教大学教育学部准教授。

新しい教職教育講座　教科教育編①
初等国語科教育

2018年7月30日　初版第1刷発行　　　　　　　〈検印省略〉
2024年11月30日　初版第5刷発行

定価はカバーに
表示しています

監 修 者　　原　　清治/春日井敏之
　　　　　　篠原正典/森田真樹
編 著 者　　井上雅彦/青砥弘幸
発 行 者　　杉　田　啓　三
印 刷 者　　坂　本　喜　杏

発行所　　株式会社　ミネルヴァ書房
607-8494　京都市山科区日ノ岡堤谷町1
電話代表　(075)581-5191
振替口座　01020-0-8076

© 井上・青砥ほか，2018　　冨山房インターナショナル・吉田三誠堂製本

ISBN 978-4-623-08197-4

Printed in Japan

新しい教職教育講座

原 清治・春日井敏之・篠原正典・森田真樹 監修

全23巻

（Ａ５判・並製・各巻平均220頁・各巻2000円（税別））

教職教育編

① 教育原論 　　　　　　　　　　　　山内清郎・原 清治・春日井敏之 編著
② 教職論 　　　　　　　　　　　　　久保富三夫・砂田信夫 編著
③ 教育社会学 　　　　　　　　　　　原 清治・山内乾史 編著
④ 教育心理学 　　　　　　　　　　　神藤貴昭・橋本憲尚 編著
⑤ 特別支援教育 　　　　　　　　　　原 幸一・堀家由妃代 編著
⑥ 教育課程・教育評価 　　　　　　　細尾萌子・田中耕治 編著
⑦ 道徳教育 　　　　　　　　　　　　荒木寿友・藤井基貴 編著
⑧ 総合的な学習の時間 　　　　　　　森田真樹・篠原正典 編著
⑨ 特別活動 　　　　　　　　　　　　中村 豊・原 清治 編著
⑩ 教育の方法と技術 　　　　　　　　篠原正典・荒木寿友 編著
⑪ 生徒指導・進路指導［第２版］　　　春日井敏之・山岡雅博 編著
⑫ 教育相談 　　　　　　　　　　　　春日井敏之・渡邉照美 編著
⑬ 教育実習・学校体験活動 　　　　　小林 隆・森田真樹 編著

教科教育編

① 初等国語科教育 　　　　　　　　　井上雅彦・青砥弘幸 編著
② 初等社会科教育 　　　　　　　　　中西 仁・小林 隆 編著
③ 算数科教育 　　　　　　　　岡本尚子・二澤善紀・月岡卓也 編著
④ 初等理科教育 　　　　　　　　　　山下芳樹・平田豊誠 編著
⑤ 生活科教育 　　　　　　　　　　　鎌倉 博・船越 勝 編著
⑥ 初等音楽科教育 　　　　　　　　　　　　　高見仁志 編著
⑦ 図画工作科教育 　　　　　　　　　波多野達二・三宅茂夫 編著
⑧ 初等家庭科教育 　　　　　　　　　三沢徳枝・勝田映子 編著
⑨ 初等体育科教育 　　　　　　　　　石田智巳・山口孝治 編著
⑩ 初等外国語教育 　　　　　　　　　　　　　湯川笑子 編著

━━━━━━ ミネルヴァ書房 ━━━━━━
https://www.minervashobo.co.jp/